Charles Taylor zur Einführung

Ingeborg Breuer

Charles Taylor zur Einführung

JUNIUS

Junius Verlag GmbH
Stresemannstraße 375
22761 Hamburg
Im Internet: www.junius-verlag.de

Umschlaggestaltung: Florian Zietz
Titelfoto: Suhrkamp Verlag
Satz: Druckhaus Dresden
Printed in Germany 2010
ISBN 978-3-88506-327-8
2. Auflage Juli 2010

Bibliografische Information der Deutschen Nationalbibliothek
Die Deutsche Nationalbibliothek verzeichnet diese Publikation in der Deutschen Nationalbibliografie; detaillierte bibliografische Daten sind im Internet über http://dnb.d-nb.de abrufbar.

Inhalt

Anhang

1. Einleitung

Charles Taylor und der Kommunitarismus

»Die soziale Verantwortung ist nur einer der Kernwerte, die wieder mehr Gewicht bekommen müssen. Es geht um eine generelle Stärkung unserer moralischen Grundlagen. Seit Beginn der 60er hat man viele moralische Traditionen, gesellschaftliche Werte und Institutionen in Frage gestellt, oft mit gutem Grund. Aber dafür leben wir heute in wachsender moralischer Verwirrung und sozialer Anarchie. [...] Moralische Umbrüche vollziehen sich oft nach diesem Muster: Schnelle Zerstörung. Langes Vakuum. Langsame Rekonstruktion. Dort stehen wir nun: Es ist Zeit für die Rekonstruktion, im vollen Sinne des Wortes – keine Rückkehr zum Alten, sondern Rückkehr zur moralischen Affirmation, einer rekonstruierten, aber konsequenten.«[1]

Amitai Etzioni, Professor für Soziologie und einer der Wortführer der amerikanischen kommunitaristischen Bewegung, hielt 1993 dieses Plädoyer für mehr soziale Verantwortung und moralisches Bewusstsein. Er drückte damit in einer populären Form das aus, was insbesondere das amerikanische Denken[2] seit geraumer Zeit beschäftigt: eine moralische Erneuerung des gesellschaftlichen und politischen Lebens.

Dabei hatte es zeitweilig geschienen, als seien moralische Forderungen oder gar Ansätze einer philosophisch-politischen Ethik nicht mehr zu erheben. Denn die Vorstellungen von politischer und sozialer Moral waren lange Zeit mit sozialistischen Utopien verknüpft und nach deren Zusammenbruch hinfällig geworden.

Die eher dem postmodernen Lager zugehörigen Denker interpretierten diesen Zusammenbruch sogar als wünschenswertes Ende einer weiteren »großen Erzählung«. Das Metier von Denkern wie Jacques Derrida, Michel Foucault oder Jean-François Lyotard war ohnehin die kritische Dekonstruktion, sie feierten das Ende der Verbindlichkeit und den Anbruch eines nihilistisch-pluralistischen Zeitalters. Die Wahrheitsansprüche der Moderne entlarvten sie als Ausdruck eines »Willens zur Macht«, so analysiert von Michel Foucault, oder sie dekonstruierten, wie etwa Jacques Derrida, die Täuschungen der Präsenzphilosophie, von denen auch und besonders die Moderne gezeichnet sei. Entsprechend erschienen ihnen auch ethische Prinzipien als unbegründbare normative Regulierungsversuche eines überholten modernen Denkens. In der Konsequenz allerdings werde derart, etwa in den Augen Charles Taylors, »grenzenloser Zügellosigkeit« der Weg gebahnt, »die durch kein Loyalitätsempfinden für irgend etwas außer dieser Freizügigkeit gebunden ist« (QS 845). Ein solches Denken könnte man als die theoretische Entsprechung zur Lebensform unserer hedonistischen Gesellschaften beschreiben. Ungläubig gegenüber jedem das eigene Lebensglück übersteigenden Wert, kultiviere man das bloß Private, fröne einer äußerst ichbezogenen Vorstellung von Selbstverwirklichung (vgl. UM 65 ff.), in der das Soziale wie auch das Gefühl der Verantwortung für den anderen keinen Ort mehr haben.

Gegen eine solche Art der toleranten Gleichgültigkeit schärft sich allerdings seit längerer Zeit der Blick dafür, dass die großen Anliegen der Ethik, seien es die Menschenrechte, seien es Fragen der sozialen oder ökonomischen Gerechtigkeit und insbesondere die Abstimmung von individuellem Verhalten und kollektivem Wohl, nicht einfach als Altlasten der Moderne beiseite geschoben werden können. Gefragt ist wieder ein Denken, das auf praktische Konsequenzen zielt, indem Solidarität mit und

Pflichten gegenüber dem Mitmenschen, aber auch gegenüber den gesellschaftlichen Institutionen eingefordert werden.

Insbesondere unter dem Namen »Kommunitarismus« sind solche überwiegend in Amerika entstandenen Ideen, die sich mit den Bedingungen eines funktionierenden Gemeinwesens, mit der Einbindung des Individuums in einen Horizont des Sozialen sowie mit einer Re-Ethisierung des öffentlichen Raums beschäftigen, in den Neunzigerjahren einer deutschen Öffentlichkeit bekannt geworden. Auch das Denken von Charles Taylor weist, wenngleich er sich nicht als Kommunitarist etikettieren lassen will, eine deutliche Nähe zu diesen Fragestellungen auf. Ihnen allen liegt die Einschätzung zugrunde, dass dem Individualismus unserer Tage das Maß abhanden gekommen ist. Es ist ein Individualismus, »der nur wenige von außen kommende moralische Forderungen oder Verpflichtungen gegenüber anderen Personen gelten läßt« (UM 65). Denn er propagiert das Ideal eines »ungebundenen Selbst«, das, wie Michael Sandel beschreibt, »von den Diktaten der Natur und den Sanktionen sozialer Rollen befreit, [...] als souverän gesetzt und zum Autor der einzigen überhaupt existierenden moralischen Bedeutungen erklärt«[3] wird. Charles Taylor wie auch Michael Sandel halten diese Konstruktion eines atomistischen Ich, die tief im Selbstverständnis der Moderne wurzelt, für ausschlaggebend für unsere moderne Idee des Vorrangs individueller Rechte und Freiheiten vor allen gemeinschaftlichen oder kollektiven Gütern und sozialen Pflichten. Ein Faktum, das nach Etzioni zur Folge hat, dass »der Westen [...] in der kalten Jahreszeit des exzessiven Individualismus [ist] und [sich] nach der Wärme der Gemeinschaft [sehnt], die menschliche Beziehungen wieder erblühen läßt«[4].

Die zeitgenössische politische Philosophie, die in den Augen kommunitaristischer Denker dem Individualismus und der Aushöhlung des demokratischen Gemeinwesens Vorschub leistet, ist die *Theorie der Gerechtigkeit*[5] von John Rawls. Sie bildet den philosophischen Ursprung der aktuellen Diskussion. In seinem Buch versucht Rawls, sowohl die Rechte der einzelnen Menschen gegeneinander zu bestimmen als auch die ökonomische Verteilung von Gütern zu regeln. Absolute Priorität in Rawls' Gerechtigkeitstheorie besitzt aber – in Einklang mit der amerikanischen Tradition – die Freiheit. Deshalb steckt er einen rein rechtlichen Rahmen ab, der für jeden Bürger verpflichtend ist. Der Bürger muss sich an Gesetze halten, die letztlich einer gerechten Gesellschaft dienen; gegenüber den unterschiedlichen Lebensentwürfen und Zielen, die von den Mitgliedern einer Gesellschaft gewählt werden, muss allerdings Neutralität gewahrt bleiben, solange dies alles mit den Freiheiten der anderen Bürger vereinbar ist.

Genau an diesem scheinbar selbstverständlichen Punkt entzündete sich die kommunitaristische Kritik. 1982 veröffentlichte Michael Sandel sein Buch *Liberalism and the Limits of Justice*, in dem bereits Hinweise auf Taylors Untersuchungen zu den atomistischen Grundlagen der liberalen Gesellschaftstheorie zu finden waren. Er sah Rawls' Gerechtigkeitstheorie von dem Konzept einer Person geprägt, das den Menschen als unabhängig von allen Wertüberzeugungen und frei von jeder sozialen Bindung beschreibt. Jeder Einzelne sei aber immer schon in einen intersubjektiven Raum eingebunden und von gemeinsamen Werten geprägt. Und solche normativen Bindungen gelte es ebenso bei den Bedingungen für ein funktionierendes Gemeinwesen zu beachten: Statt einzig die liberale Grundidee gleicher Rechte und Freiheiten müsse eine Gesellschaft ebenso den Erhalt ihres den Einzelnen tragenden Gemeinwesens berücksichtigen. In Schlagwörtern gesagt: Für die kommunitaristisch argumentierenden Sozialphilosophen ist die liberale Idee eines »Vorrangs des Rechten vor dem Guten« nicht länger tragbar. Eine Gesellschaft nämlich, die sich nicht unter einem gemeinschaftlichen Zweck oder Sinn zusammenfindet, verkomme letztlich zu einer Demokratie ohne Demokraten. Sie werde zu einer Gesellschaft der Einzelnen, in der jeder sein Leben lebt, im Streitfall seine Rechte einklagt, doch keinen Blick über den Tellerrand seiner eigenen Interessen wirft. Die Demokratie ist eben nicht nur eine Gesellschaftsform, »in der jeder Mensch frei ist und auf irgendeine Weise eine Stimme hat, sondern damit sie auch wirklich funktioniert, brauchen die Staatsbürger auch einen gewissen Sinn für Gemeinschaft und für Solidarität« (IV 195).

Der Streit zwischen Liberalismus und Kommunitarismus um das Verhältnis zwischen dem Rechten und dem Guten greift tief in das philosophische Selbstverständnis der Moderne ein. Denn die gesamte Neuzeit ist von der Idee der Wertfreiheit besessen, wie insbesondere Charles Taylor in seinen umfangreichen philosophischen Studien nachweist. Es ist vor allem das Modell einer »desengagierten Vernunft«, das Taylor als bestimmend für den Diskurs der Neuzeit ausmacht. Damit ist zunächst das Cogito Descartes' gemeint, das erst durch Abstraktion von Welt und Selbst zur klaren und distinkten Erkenntnis gelangt. Doch jener Neutralisierungsvorgang betrifft auch den Hauptstrang der neuzeitlichen Ethiken, die, paradigmatisch bei Kant entwickelt, keine allgemein gültigen, inhaltlich bestimmten Werte erheben wollen, sondern bloß formale Regeln zur ethischen Überprüfung von Absichten und Handlungen aufstellen. John Rawls oder in Deutschland Jürgen Habermas haben dieses Erbe Kants angetreten und repräsentieren heute solche so genannten prozeduralen Ethiken, in denen, wie schon bei Kant, lediglich Prozeduren, also Verfahren angegeben werden, mit denen die Spielregeln des sozialen und politischen Zusammenlebens abgesteckt werden.

Deshalb fällt Alasdair MacIntyre[6] ein vernichtendes Urteil über die Moderne. Ihre in seinen Augen dürftigen, inhaltsleeren moralischen Entwürfe zeugen von einer Verwahrlosung der moralischen Sprache. MacIntyre sieht die Moderne, in den Fußspuren Nietzsches, von einer um sich greifenden »Entwertung aller Werte« gezeichnet und deren Moral keineswegs von Vernunft, vielmehr von einem »Willen zur Macht«[7] bestimmt. Und die Idee einer neutralen Rechtfertigung der praktischen Vernunft sei lediglich der verzweifelte Versuch, das gescheiterte moraltheoretische Programm der Aufklärung zu retten, nämlich eine Moral zu begründen, obwohl der Mensch alle Bindungen hinter sich gelassen hat. Insofern aber der Moral jene verbindliche, allgemeine Grundlage fehle, sei an ihre Stelle heute die kriterienlose Wahl, die bloß utilitaristische oder konsumistische Entscheidung getreten, wie sie durch die unsere Zeit prägenden Sozialcharaktere des reichen Ästheten, des Managers und des Therapeuten[8] repräsentiert werden.

Bei MacIntyre führt diese Diagnose zu einer Grundsatzkritik an der gesamten Moderne, weil sie nicht dazu in der Lage ist, eine verbindliche Wahl zu treffen. Er stimmt in dieser These durchaus mit dem Urteil überein, das Taylor über die Moderne fällt. Denn auch Taylor zufolge befindet sich die Moderne in einer Art Wertevakuum und unsere Zeit ist von einer zunehmenden moralischenVerarmung geprägt. Allerdings klingt Taylors Urteil über die Moderne versöhnlicher; er analysiert darin keinen Nihilismus, sondern eine hartnäckige Selbstverkennung der Moderne, die sich über ihre eigenen Werte gar nicht im Klaren ist. Ihre vermeintliche ethische Neutralität ist ein Trug, da die Moderne, obwohl sie sich wertfrei gibt, mannigfache Ideen des Guten enthält, die Taylor in einer Art Quellenforschung freizulegen versucht. Weil aber die Identität eines jeden Menschen unabhängig von diesen moralischen Quellen nicht zu denken ist, muss auch das atomistische Menschenbild der Moderne revidiert werden: Die desengagierte Vernunft des neuzeitlichen Ich muss durch eine Wir-Gemeinschaft ersetzt werden, zu deren konstitutiven Faktoren bereits ihre normative Prägung gehört. Dass diese Gemeinschaft schützenswert ist, weil sie die unabdingbare Voraussetzung für menschliche Identität darstellt, fußt somit auf dem veränderten Menschenbild, das den praktischen Forderungen Taylors und anderer kommunitaristischer Denker zugrunde liegt, weshalb man als ureigenstes Anliegen Taylors auch den Entwurf einer »philosophischen Anthropologie«[9] bestimmen kann.

Es ist allerdings offensichtlich, dass die Werte und Normen, die unsere westlichen Gesellschaften prägen, nicht allgemein gültig sind. Die Vorstellungen des Guten, die der Moderne innewohnen, gelten weder überzeitlich noch übergesellschaftlich. Der moralische Raum, innerhalb dessen wir unsere Identität beziehen, ist geprägt von unserer christlich-abendländischen Tradition und insbesondere von deren moderner Ausformung. Demokratische Ideen ebenso wie die Idee individueller Selbstverwirklichung werden in islamischen Ländern oder in der asiatischen Welt mindestens misstrauisch beäugt, wenn nicht in Bausch und Bogen abgelehnt. Das Gesetz »ist nicht im Himmel«[10], heißt es deshalb bei Michael Walzer, der die Versuche, eine allgemein bindende Begründung für Ethik zu finden, für eine Anstrengung der menschlichen Vernunft hält, das zu schaffen, was Gott geschaffen hätte, wenn es ihn gäbe. Alle moralischen Normen und Vorstellungen des Guten entspringen vielmehr unserer lokalen, beschränkten Situation in Raum und Zeit und können in einer anderen Kultur nur bedingt verstanden werden. Allenfalls sei eine dünne, minimalistische Moral verallgemeinerbar, Mindeststandards an Menschlichkeit, die Schutz vor elementaren Verfolgungen und Verletzungen, vor Folter, Vertreibung und Mord bieten. Ähnliches hat Taylor im Sinn, wenn er hinter den Neutralitäts- und Universalitätsansprüchen des Liberalismus eine »kämpferische Weltdeutung« (MP 57) entdeckt. Hinter dem vermeintlich wertfreien Liberalismus verbergen sich Güter, die Ausdruck unserer spezifischen Kultur sind, von anderen Kulturen jedoch mitnichten geteilt werden müssen. Trotz solcher eindeutig kulturrelativistischen[11] Konsequenzen teilen die kommunitaristischen Theorien keineswegs das postmodern-nihilistische Credo eines »Anything goes«. Die in einer Kultur beheimateten Werte sind nicht lediglich Projektionen auf eine eigentlich neutrale Realität, sie sind der verbindliche, ja konstitutive hermeneutische Horizont, in dem menschliches Handeln sich bewegt. Sie verkörpern sich in der Sprache, den Praktiken und den Institutionen der jeweiligen Kultur und nehmen damit eine objektive Realität für die ihr zugehörigen Menschen an. Am weitesten hat diese Idee auch hier wieder Charles Taylor entwickelt, der den kulturellen Gütern eine ontologische Qualität zuschreibt, insofern man sie als »bestimmend ansieht, um das soziale Leben zu erklären« (LK 103). Sie sind real, nicht im Sinne einer platonischen erfahrungsunabhängigen Präexistenz des Guten, sondern im Sinne dessen, womit man, innerhalb der jeweiligen Kultur, »fertigwerden muß, was nicht allein deshalb verschwindet, weil es nicht den eigenen Vorurteilen entspricht« (QS 117). Damit muss allerdings die Möglichkeit der Unvereinbarkeit verschiedener Kulturen und Lebensformen eingeräumt werden, insofern jede in einen je eigenen essenziellen Wertekosmos eingebunden ist, der nicht allein durch liberale Toleranz bewältigt werden kann. Dies ist mithin auch das Verdienst kommunitaristischer Theorien: Sie schärfen den Blick für die Verschiedenartigkeit der Kulturen, die anzuerkennen wir nicht umhinkommen, die wir im Dialog zu bewältigen versuchen und angesichts deren wir zugleich erkennen müssen, dass wir »von jenem letzten Horizont sehr weit entfernt sind, vor dem sich der relative Wert unterschiedlicher Kulturen deutlich erweisen würde« (MP 71).

Anmerkungen zur Biografie

Seine theoretischen Vorlieben sowie sein Sinn fürs Politische stehen, darauf hat Taylor immer wieder hingewiesen, in engem Zusammenhang mit seiner Herkunft. Taylor ist Kanadier aus der Provinz Quebec, wo eine englischsprachige Minderheit mit einer französisch sprechenden Mehrheit zusammenlebt. Beiden Gruppen in ihrer sprachlichen und kulturellen Identität gerecht zu werden, sieht Taylor als eine praktische Lektion für den kanadischen Multikulturalismus; und an diesem Versuch hängt er nicht nur intellektuell, sondern mit vollem Engagement. Sein praktisches Engagement galt von früh an demokratisch-sozialistischen Positionen, wie sie von unabhängigen Linken vertreten werden. In Kanada unterstützte er den Aufbau der ersten sozialdemokratischen Partei, beteiligte sich aktiv an deren Wahlkämpfen in den späten Sechzigerjahren. In der Zeit des Aufschwungs der frankokanadischen separatistischen Bewegung, d.h. seit den Sechzigerjahren plädierte auch Taylor für den Schutz und Erhalt der frankophonen Kultur, allerdings innerhalb der staatlichen Einheit ganz Kanadas. Zugleich allerdings hielt er, um die dauerhafte Anerkennung der frankophonen Besonderheit zu erreichen, eine Beschneidung individueller Freiheitsrechte bis zu einem gewissen Grad für notwendig. (Vgl. MP)

Taylor, 1931 in Montreal geboren, wuchs mit einer französisch sprechenden Mutter und einem englischsprachigen Vater auf. Sein Interesse für kulturgeschichtliche und soziale Zusammenhänge veranlasste ihn, zunächst in Montreal Geschichte zu studieren. 1952 zog es ihn dann zur Erweiterung seiner Studien nach Oxford, wo er ein Studium der Philosophie begann. Damals entwickelte sich in Oxford gerade im Anschluss an das Denken Ludwig Wittgensteins die neue philosophische Denkrichtung der »ordinary language philosophy«. Da die meisten philosophischen Probleme durch einen Missbrauch oder ein Missverständnis der Umgangssprache entstünden, gelte es, die Funktionsweise dieser Umgangssprache besser zu verstehen. Doch für Taylor blieb diese Art der Philosophie unbefriedigend, weil sie keinen Blick für die kulturelle und historische Verschiedenartigkeit von Sprache hat. Stattdessen wurde bis zu seiner Promotion Isaiah Berlin, der sich gegen die Hauptströmung der Oxforder Philosophie mit geistesgeschichtlichen Studien befasste, sein Lehrer und schließlich auch sein Freund. Isaiah Berlin war mitentscheidend für das weitere Denken Taylors, das sich um ein synthetisierendes Verstehen verschiedener geistesgeschichtlicher Strömungen, um die Bedeutung Herders und besonders auch der deutschen romantischen Bewegung rankt.

Nachdem Taylor 1961 promoviert hatte, übernahm er an der Universität Montreal eine Philosophieprofessur, ging von 1976 bis 1981 jedoch wieder nach Oxford, wo er eine Professur für soziale und politische Philosophie erhielt. Ab den späten Siebzigerjahren bezog er wiederum in Kanada Position gegen das Referendum zur Abspaltung Quebecs und lehrte zunächst Politikwissenschaft und Philosophie, schließlich nur noch Philosophie an der McGill Universität in Montreal.

2. Abkehr vom Naturalismus und Hinwendung zur Hermeneutik

Die Kritik des Naturalismus

In seinen frühen Schriften erweise sich Charles Taylor als ein »Parteigänger der Hermeneutik im Feld der analytischen Wissenschaftstheorie«[12], so Axel Honneth. Und in der Tat: Der Denkweg Taylors beginnt mit einer vielschichtigen Auseinandersetzung mit der damals in der angelsächsischen Welt vorherrschenden analytischen Philosophie, die Taylor mit kontinentaleuropäischen Fragestellungen, besonders der Existenzialphänomenologie Merleau-Pontys, aber auch der Hermeneutik, wie sie in Deutschland von Hans-Georg Gadamer entwickelt wurde, kritisch konfrontiert. Vor allem will er zeigen, welch unangemessen verkürztes Menschenbild in der analytisch orientierten Philosophie und Sozialwissenschaft vorherrscht, um in der Folge ein weniger reduktionistisches hermeneutisches Wissenschaftsverständnis zu entwickeln. Bereits in seinem ersten Buch, *The Explanation of Behaviour* (1964) – das Buch entspricht seiner Dissertation von 1961 –, formuliert er sein Interesse als »the study of the basic categories in which man and his behaviour is to be described and explained« (EB 4). Dieses Buch ist eine Abrechnung mit dem in den Fünfzigerjahren nicht nur, aber besonders in den angelsächsischen Ländern vorherrschenden Behaviorismus. Dieser reduzierte das Handeln der Menschen auf das, was an ihrem Verhalten beobachtbar war, sodass er gemäß dem Vorbild der Naturwissenschaften eine Psychologie entwickelte, deren Grundkategorien Reiz, Reaktion und die zwischen diesen zu ermittelnden Abhängigkeitsgesetze sind. Für die tief im abendländischen Denken verwurzelten Konzepte von persönlicher Freiheit, Tatkraft und Verantwortlichkeit finde sich hingegen, wie es einer der Väter des Behaviorismus, B. F. Skinner, formulierte, unter wissenschaftlichem Aspekt »keine trostvolle Unterstützung«[13]. Taylor zeigt hingegen, dass jene bloße Rückführung menschlichen Verhaltens und Handelns auf das Stimulus-Response-Modell unzureichend ist, insofern menschliches Handeln eine Berücksichtigung seiner Intentionen wie auch seines subjektiven Verstehens- und Erlebnishorizontes zwingend erfordere. Später wird Taylor allerdings sagen, dass seine Abrechnung mit dem Behaviorismus verspätet kam, da das Opfer seiner Attacke zum Zeitpunkt des Erscheinens von *The Explanation of Behaviour* bereits tot war.

Doch Taylors frühe Kritik zeigt bereits die Stoßrichtung seiner zukünftigen Arbeiten. In seiner Kritik am Behaviorismus führt er aus, dass der Mensch nicht bloß auf irgendwelche Außenimpulse reagiert, sondern dass sein Verhalten gerade davon bestimmt ist, dass er solche Impulse – oder allgemeiner gesprochen: die Welt, die ihn umgibt – interpretiert und ihnen damit eine durch seine Situation geprägte Bedeutung verleiht. Weiterhin entwickelt sich Taylors Kritik zu einem Aufweis der Unangemessenheit aller philosophischen Bestrebungen, die den Menschen losgelöst von seiner Situiertheit in der Welt allein mit den Mitteln logisch-empirischer Verfahren zu bestimmen versuchen. Taylor wendet sich damit gegen jegliche Form des Szientismus, die den Versuch unternimmt, die Fragen der Human- und Sozialwissenschaften nach naturwissenschaftlichem Vorbild wertfrei-objektiv zu lösen. Gerade dieser Anspruch der analytischen Theorie auf universale Gültigkeit ihres methodischen Vorgehens provoziert Taylor, der deshalb antritt, den »Mythos von der

Omnipotenz des klassischen Modells« (EI 282) zu zersetzen. Denn wenngleich er die Forderung nach Exaktheit, Neutralität und Wertfreiheit innerhalb der Naturwissenschaften[14] für berechtigt hält, so ist diese Forderung innerhalb der Sozial- und Humanwissenschaften nur um den Preis einer Verkürzung und Verzerrung des zu erklärenden Gegenstands einzulösen.

»Dies etwa ist die Haltung, die das klassische Wissenschaftsmodell vorschreibt, und heute würde kaum jemand ihre Gültigkeit für die Naturwissenschaft in Frage stellen. Aber die Ideologie des Scientismus, der Glaube an die Allmacht dieses Modells und die Überzeugung, der Mensch erreiche durch diese scientifische Haltung seine größte Vervollkommnung und seine angemessenste Beziehung zu den Dingen, erhebt einen weit höheren Anspruch. Er behauptet, daß auch die menschliche Realität, unsere sozialen Institutionen, die Menschen, mit denen wir zusammenleben, sogar unser eigenes Leben objektiviert werden müßten, um verstanden zu werden. Er behauptet, daß der Mensch seine höchste Entfaltung erreiche, indem er alles und jedes objektiviere. Der Scientismus leitet sich aus der grundlegenden westlichen Tradition her, nach welcher Vernunft die Berufung des Menschen ist, aber die Vernunft wird inzwischen drastisch von der Vision zur Objektivierung reduziert.« (EI 286)

Taylor bezeichnet alle am Modell der Naturwissenschaften orientierten, szientistischen Denkansätze innerhalb der Humanwissenschaften – ob als Behaviorismus, Funktionalismus oder Systemtheorie ausgewiesen – als »Naturalismus«. Der Naturalismus versteht die menschlich-gesellschaftlichen Belange als Teil einer mechanistisch zu erklärenden Natur, die demnach also wie die unbelebte Natur durch einen neutralen Beobachter objektivierbar und erklärbar sind. Damit wird der Mensch ebenso wie die Welt und die Natur auf »data bruta« reduziert, auf einen »neutralen Bereich von Fakten, von bedingt zusammenhängenden Elementen, wobei das Aufspüren dieser Zusammenhänge die immer bessere Manipulation und Kontrolle der Welt ermöglicht« (EI 286). Der Naturalismus versucht also auf empirischem Weg Subjektivität – in dem Sinne, wie Taylor sie versteht, nämlich eingebettet in Sinnzusammenhänge – zu überwinden, um eine Gewissheit durch Sinnesdaten zu erlangen, deren Gültigkeit nicht durch andere Interpretationen infrage gestellt werden kann. Bereits in seinen frühen wissenschaftstheoretischen Schriften stellt Taylor die zeitgenössischen reduktionistischen Wissenschaftsideale in den weiten Kontext einer neuzeitlich-epistemologischen Weltsicht, die zu analysieren und in ihren Konsequenzen auszuleuchten bis heute sein vordringliches Anliegen ist. Denn der Naturalismus teilt jene neuzeitliche Idee, der zufolge ein autonomes Subjekt sich selbst, den anderen und die Welt zu Gegenständen einer bloß beobachtenden, neutralen Vernunft machen kann. Er ist insofern eine besonders konsequente Variante des neuzeitlichen Denkens in der Linie von Bacon, Descartes oder Newton, das die Welt zum Objekt machte, um ihrer so in einer effektiveren Weise habhaft zu werden.

»Der Scientismus vertritt die Norm eines sich selbst definierenden Subjekts, das sich gegenüber seiner Welt nicht als dem *locus* von Sinn, sondern als neutraler Materie verhält, die gemäß seinen Zwecken zu formen sei. [...] Das ideale Subjekt des Scientismus ist tatsächlich eine extreme Version der modernen Norm eines bewußten, autonomen Individuums; denn es erlebt keines seiner möglichen Objekte von Bewußtsein – weder die menschliche Welt noch gar seinen eigenen Körper – als notwendige Bezugspunkte zur Definition seiner selbst oder als unverzichtbare Gesprächspartner, sondern nur als Phänomene einer neutralen Naturwissenschaft, deren einige dem Verfolg seiner Zwecke nützlich sein können.« (EI 286 f.)

Interpretieren statt Erklären

Taylors frühe Schriften sind Beweisführungen gegen die Verkürzungen des Szientismus, sei es innerhalb der Psychologie, der Verhaltensforschung, der Sprachphilosophie oder der politischen Philosophie.[15] Durch diese Kritik hindurch kristallisiert sich bald sein eigenes Wissenschaftsverständnis heraus. Er untersucht deshalb, welche Bedingungen – im Gegensatz zu den Naturwissenschaften – jene Wissenschaften berücksichtigen müssen, die bestimmt sind von einem auf Handlung, Sprache, Sinn und Verstehen angewiesenen Wesen. Gehört, so fragt Taylor in seinem zur Erläuterung seiner eigenen frühen Theorie bedeutsamen Aufsatz *Interpretation und die Wissenschaft vom Menschen* (EI 154-219), in den Wissenschaften vom Menschen die Interpretation wesentlich zur Erklärung? Er beschäftigt sich darin mit dem Problem der Verfasstheit von Geistes- und Sozialwissenschaften, ja überhaupt des menschlichen Verstehens und nähert sich in seinen Erörterungen jenen hermeneutischen Einsichten, die sich in der kontinentalen Philosophie bis zu Dilthey verfolgen lassen und ab den Sechzigerjahren von Hans-Georg Gadamer in Deutschland oder Paul Ricœur in Frankreich eine Aktualisierung erfuhren. Zwar interessieren Taylor in der Folge weniger die wissenschaftstheoretischen als die existenzialphänomenologischen Implikationen der Kontroverse zwischen Erklären und Verstehen, dennoch tritt er – ähnlich wie in Deutschland etwa Gadamer gegen den Positivismus – gegen den in Amerika und England vorherrschenden Empirismus an. Und ebenso wie Gadamer erteilt er dem an naturwissenschaftlicher Wahrheitsfindung orientierten Bestreben des Szientismus eine klare Absage: Exakte Vorhersagen, wertfreie Wissenschaft, die Beschreibung der sozialen Realität einzig mit puren Daten sind völlig unmögliche Unterfangen. Es gibt keine »data bruta«, »deren Validität nicht durch das Angebot einer anderen Interpretation oder Lesart in Frage gestellt werden kann, Daten, deren Glaubwürdigkeit durch weiteres Schlußfolgern nicht begründet oder untergraben werden kann« (EI 160). Die Humanwissenschaften müssen in Rechnung stellen, dass es für sie keine Gewissheiten geben kann, die jenseits der subjektiven Intuition verankert sind. Bei allen Formen menschlicher Artikulation sind Bedeutungsgebung und Interpretation mitentscheidend. Menschliches Handeln kann nicht außerhalb der Dimension des Sinns beschrieben werden. Denn der Mensch ist immer schon in eine Umwelt gestellt, die sich ihm nur über Deutungen erschließt. Es gibt, radikal gesprochen, gar keine vorgängige soziale Realität oder personale Identität, die wir deutend zu erschließen versuchen. Vielmehr konstituieren sich Subjekt und soziale Realität erst innerhalb von Interpretationen. Was sie jenseits von Sinn – d.h. gewissermaßen an sich – sind, ist unthematisierbar. Alles entspringt bereits einer Selbstdeutung und kann nie final beantwortet werden. »Was ich als Selbst bin – meine Identität –, ist wesentlich durch die Art und Weise definiert, in der mir die Dinge bedeutsam erscheinen, und das Problem meiner Identität wird einer Lösung nur durch eine Sprache der Interpretation zugeführt, die ich im Laufe der Zeit als gültige Artikulation dieser Fragestellungen akzeptiert habe. Wollte man bei der Frage nach dem, was eine Person ausmacht, von deren Selbstdeutungen absehen, würde man eine grundverkehrte Frage stellen, die prinzipiell nicht zu beantworten wäre.« (QS 67)

So nähern wir uns über Taylors Auseinandersetzung mit dem Szientismus dessen eigenem Menschenbild. Früh werden so schon Bruchstücke einer »philosophischen Anthropologie« deutlich, die nach Axel Honneth und in dessen Folge Hartmut Rosa[16] das zentrale Anliegen Taylors ist. In dieser philosophischen Anthropologie kommt der Interpretation eine den Menschen wesentlich auszeichnende, existenzielle Dimension zu, ganz im Sinn von Heideggers These, dass Verstehen der Modus des Daseins sei. (Vgl. QS 67, Anm. 6) Der Mensch ist, so lautet ein Basissatz von Taylor, ein »sich selbst interpretierendes Tier« (EI 171). »It means that he cannot be understood simply as an object among objects, for his life incorporates an interpretation, an expression of what cannot exist unexpressed, because the self that is to be interpreted is essentially that of a being who self-interprets.« (SI 75)

Der Mensch als »sich selbst interpretierendes Tier« kennt keine Struktur von Bedeutung, die von seiner Interpretation unabhängig wäre. Damit befindet er sich in einem hermeneutischen Zirkel, in einem Zirkel der Interpretation, insofern das, wovon die Interpretation handelt, selbst schon eine Interpretation ist. »Ein lebendiger Handelnder zu sein heißt ja schon, die eigene Situation in Form gewisser Bedeutungen zu erfahren.« (EI 172) Daraus folgt, dass auch Erkenntnisfortschritte immer innerhalb eines interpretativen Rahmens bleiben. Und auch wenn jede Interpretation versucht, das, was ihr zugrunde liegt (die ihr zugrunde liegende Interpretation), klarer und verständlicher zu machen, stellt sich das als ein prinzipiell unabschließbares Verfahren dar. Zwar würde man für eine gelungene Interpretation eine solche halten, die die vorher verschwommene, schemenhafte Bedeutung klärt. Doch was ist in jenem Fall zu tun, »wenn jemand die Adäquanz unserer Interpretation nicht ›sieht‹, unsere Lesart nicht akzeptiert?« (EI 157) Wir können ihm zu verdeutlichen versuchen, wie unsere Interpretation den ursprünglichen Un- oder Teilsinn verständlicher macht. Das setzt allerdings voraus, dass er unserer Lesart folgt, dass er den zugrunde liegenden Text auch als verwirrend erfährt, dass er auch nach einer Lösung sucht. Was aber, wenn er das nicht tut? »Die Antwort lautet offenbar: in gleicher Weise fortfahren. Wir müssen ihm anhand der Lesart anderer Ausdrücke zeigen, warum dieser eine Ausdruck in der von uns vorgeschlagenen Weise gelesen werden muß. Aber damit dies gelingt, ist es erforderlich, daß er uns bei diesen anderen Lesarten folgt, und so weiter – offenbar *ad infinitum.*« (EI 158) Bei Nicht-Plausibilität der eigenen Lesart gibt es kein Verfahren der Verifikation, denn es gibt keinen Ausbruch aus der Interpretation. Sicherheit im naturwissenschaftlichen Sinne ist innerhalb der Humanwissenschaften nicht zu erreichen, vielmehr muss man dort von der Unhintergehbarkeit des hermeneutischen Zirkels ausgehen: Der Prozess des Verstehens ist unendlich.

Verstehen als sprachliches Geschehen

Verstehen ist, so der nächste Schritt in Taylors frühem hermeneutischem Wissenschaftsverständnis, nicht nur ein individueller Akt, ebenso wie Interpretieren, das Ausdeuten bestimmter Situationen und Verhaltensweisen kein bloß subjektives Unterfangen ist. Die Bedeutungen, die das Subjekt seinem eigenen Handeln und dem seiner Umwelt zuschreibt, sind immer auch Ausdruck einer Gemeinschaft, einer sozialen Gruppe, einer Kultur. Das Individuum gewinnt seine Identität erst darüber, dass es in einen bestimmten Bedeutungsraum gestellt ist, der der Raum einer bestimmten sozialen Gemeinschaft ist, in der es sozialisiert worden ist. Wie wir später noch genauer sehen werden, ist dieser Raum Taylor zufolge insbesondere ein moralischer Raum, in dem die Differenzierung zwischen Wichtigem und Unwichtigem, Gutem und Schlechtem, Wertvollem und Belanglosem, Gerechtem und Ungerechtem bereits vollzogen ist. Der Einzelne ist in einer sozialen Welt situiert, die schon durch intersubjektive Bedeutungen bestimmt ist, bevor sie sich dem

Subjekt erschließt. Intersubjektivität geht damit der Subjektivität voraus. »Wir sind uns der Welt durch ein ›Wir‹ bewußt, bevor wir es durch ein ›Ich‹ sind.« (EI 193) Und dieses Wir im Sinne von gemeinsamen Bedeutungen sind nicht etwa nur geteilte Ideen; die Bedeutungen materialisieren sich sozusagen in einer bestimmten sozialen Praxis, in gewissen institutionell oder normativ sanktionierten Aktivitäten. »Die Erziehung unserer Kinder, die Zeremonie des Grüßens auf der Straße, die Bestimmung von Gruppenentscheidungen durch Wahlen und die Art des Austauschs von Gegenständen auf dem Markt – dies sind allesamt Praktiken. Und Praktiken gibt es auf allen Ebenen des menschlichen Lebens: auf der Ebene der Familie, des Dorfes, der nationalen Politik, der Rituale von Religionsgemeinschaften usw.« (QS 364)

Solche Praktiken und zugleich die ihnen zugrunde liegenden, innerhalb einer Gesellschaft homogenen Bedeutungszuschreibungen variieren in unterschiedlichen Gesellschaften. So bekäme z.B. die für die westlichen Industriegesellschaften vertraute soziale Aktivität des Verhandelns und Aushandelns innerhalb einer traditionellen japanischen Dorfgemeinschaft einen völlig anderen Sinn. Verhandlung selbst setzt nämlich bereits die Annahme voneinander unabhängiger, autonomer Parteien voraus, sie setzt voraus, dass man mit dem Ziel eines Vertragsabschlusses in sie eintritt, sie aber auch abbrechen oder erneut beginnen kann. Taylor weist darauf hin, dass die Grundlage des sozialen Lebens in einem traditionellen japanischen Dorf keineswegs den Spielregeln von Verhandlungen folgt, sondern auf einer Form eines möglichst umfassenden Konsenses beruht, der durch die Existenz zweier klar voneinander geschiedener, unterschiedliche Interessen verfolgender Parteien empfindlich gestört würde.

Eng verknüpft mit dieser Vorstellung von gemeinsamen, in der jeweiligen sozialen Praxis verankerten Bedeutungen ist der

Begriff der Sprache. Denn Bedeutungen sind immer sprachlich vermittelt, sodass man auch sagen kann, die gemeinsame Sprache stelle die »Basis der Gemeinschaft« (EI 191) dar. Sprache dient nämlich nicht nur, wie es in nominalistischer Tradition gedacht wird, als Instrumentarium zur Bezeichnung von Dingen und Sachverhalten. Es gibt keine von Sprache unabhängige Realität. Ohne ein entsprechendes Vokabular könnte es die zugehörigen Praktiken oder Institutionen nicht geben, wie umgekehrt ein bestimmtes Vokabular nicht verwendet werden könnte, wenn eine bestimmte Art von Praktiken nicht existierte.

»Wir haben es hier mit einer Situation zu tun, in der das Vokabular einer gegebenen sozialen Dimension durch die Form der sozialen Praxis in dieser Dimension begründet ist; das heißt, das Vokabular wäre nicht sinnvoll, könnte nicht sinnvoll verwendet werden, wo diese Skala von Praktiken nicht vorherrschen würde. Und doch könnte diese Skala von Praktiken nicht ohne das Vorhandensein dieses oder eines verwandten Vokabulars existieren. Hier besteht keine einfache, einseitige Abhängigkeit. Wir können meinetwegen von wechselseitiger Abhängigkeit sprechen, aber eigentlich geht es hier um den künstlichen Charakter der Unterscheidung zwischen Realität und der Sprache der Beschreibung dieser sozialen Realität. Die Sprache ist konstitutiver Bestandteil der Realität, ist wesentlich Voraussetzung dafür, daß die Realität so ist, wie sie ist.« (EI 182 f.)

Sprache als Welterschließung

Auf der Basis seiner hermeneutischen Einsichten entwickelt Taylor ein Verständnis der Sprache, das sich der empiristischen Reduktion von Sprache auf ihre Funktion der Repräsentation widersetzt. Die Sprachauffassung der Neuzeit ist im Wesentlichen nominalistisch bestimmt. Der Nominalismus grenzte sich ursprünglich ab gegen die scholastische, ja die bis auf Platon zurückreichende Idee, der zufolge den Allgemeinbegriffen durchaus eine objektive Realität zukomme und sie das Wesen der Dinge erfassen. Dagegen hielt der Nominalismus die Sprache für ein bloßes Arsenal von Zeichen, für Namen, die gewissermaßen als Etiketten für die Dinge und ihre Eigenschaften dienen und außerhalb des Denkens nichts zu sagen hätten. Nur »Toren nehmen sie für bare Münzen«, (NF 53) hieß es denn auch bei Thomas Hobbes, und damit wird deutlich, dass der Nominalismus ins neuzeitliche Programm einer Entzauberung der Welt gehörte. Denn fortan entsprach Sprache keinen metaphysisch-objektiven Wesenheiten mehr, sondern wurde einzig dem Denken unterstellt, das sich der Sprache als eines effizienten Werkzeugs bedienen konnte. Wörter bedeuten Dinge und lassen sich vom Verstand zur Kennzeichnung von Dingen benutzen. Diese einfache Idee der Repräsentation, die einen bloß binären Vorgang unterstellt, wurde bereits von Frege zerstört. Gezeigt wurde, dass jede Bezeichnung zumindest dreigliedrig ist, dass zwischen dem sprachlichen Zeichen und der Sache, auf die es sich bezieht, noch der Sinn steht, d.h. nach Frege die Art und Weise, wie uns das jeweilige Objekt gegeben ist. Den sprachlichen Zeichen »Abendstern« und »Morgenstern« liegt zwar, so Frege, ein und derselbe Gegenstand – der Planet Venus – zugrunde, jedoch ist der Sinn dieser beiden Wörter verschieden. Dennoch blieb insbesondere im angelsächsischen Raum bei den nachfolgenden Sprachtheorien das Modell der Repräsentation grundlegend, wonach Sprache die Aufgabe hat, eine unabhängig von ihr bestehende Realität abzubilden.

Gegen die Vorstellung, Sprache sei lediglich ein Mittel zur Bezeichnung, schließt Taylor an die sprachphilosophische Tradition an, die auf Herder, Humboldt und Hamann zurückgeht und die im 20. Jahrhundert etwa von Martin Heidegger aufgenommen wurde. Taylor selbst bezeichnet diese Tradition – im Gegensatz zu der szientistischen Sprachauffassung der Repräsentation – als romantisch-expressivistische Sprachtheorie. (Vgl. NF 63) Sprache wird darin in erster Linie aus der Aktivität des Sprechens gedacht und weniger als ein System von Begriffen zur Beschreibung der Dinge. Sprache ist nämlich keineswegs nur weltabbildend, sondern vielmehr welterschließend zu denken, insofern der Mensch in seiner Sprache immer auch zum Ausdruck bringt, welche Sicht er von der Welt besitzt, bzw. erst durch die Sprache hindurch sich ihm seine Weltsicht offenbart. Taylor unterscheidet insbesondere drei nichtrepräsentative Funktionen der Sprechtätigkeit:

1. Indem ich in der Sprache etwas formuliere, mache ich etwas explizit bewusst, was zuvor nur implizit empfunden wurde. Denn erst indem ich eine Sprache für meine Gefühle oder auch zur Beschreibung von Gegenständen finde, gewinnen diese klare Konturen. In der Artikulation einer Sache wird diese zugleich gegen andere Begriffe abgegrenzt. »Die Begriffe, die ich verwende, besitzen ihre Bedeutung nur im Kontrast zu anderen Begriffen.« (NF 66) Wir ziehen Grenzen, heben einige Merkmale der Sache gegen andere hervor. In unseren sprachlichen Formulierungen benennen wir also mitnichten nur Gegenstände und Sachverhalte, in diesem Akt liegt zugleich immer schon eine Bewertung, eine Erfassung des Gegenstandes in Abgrenzung zu anderen Gegenständen. Und erst durch diese die Dinge voneinander abgrenzenden Bewertungen gelangen wir zu einer artikulierten Auffassung von Welt und »zu einem expliziten Gewahrwerden der Dinge« (NF 67).

2. Sprache dient nicht nur der Übermittlung bestimmter Informationen, sie stellt außerdem eine Beziehung zwischen Menschen her. Von ihrem Informationswert her ist die Äußerung »Ist das heiß!«, die ich gegenüber einem Mitreisenden in einem

südlichen Land äußere, eher überflüssig, jedoch stellt sie möglicherweise eine Beziehung zwischen zwei Menschen her, erzeugt etwas, was »man als öffentlichen Raum bezeichnen könnte oder als gemeinsamen Ausgangspunkt, von dem aus wir zusammen die Welt betrachten« (NF 68). Durch die Sprache wird also eine Beziehung gestiftet, im Sinne eines »Miteinander im gemeinsamen Gespräch« (NF 69).

3. Erst durch Sprache enthüllen sich moralisch als richtig und als falsch empfundene Maßstäbe. Nur vermittels Sprache vermag der Mensch die normativen Maßstäbe seines eigenen Handelns zu formulieren und zu überprüfen. Etwas als gut oder als schlecht zu bewerten setzt voraus, dass wir anerkennen, dass manche Handlungen einen besonderen Status haben. Diese Anerkennung kann dabei ausschließlich sprachlich vollzogen werden, insofern »die gesamte Vorstellung eines Handelnden, der Maßstäbe anerkennt, die weder artikuliert noch irgendwo in expressivem Tun bestätigt werden, keinen Sinn ergibt« (NF 73). Anerkennung erfordert also Reflexivität, denn ein bloßes Verhalten z.B. gemäß moralischen Normen bliebe zugleich indifferent gegenüber richtigem und falschem Handeln.

Sprache hat also Taylor zufolge nicht bloß eine abbildende, sondern ebenso eine expressive wie eine konstitutive Funktion. In ihrer expressiven Dimension drückt sie eine bestimmte Art der Beziehung zu einem Gegenüber aus, sei es eine freundliche, eine förmliche oder auch eine ironisch-distanzierte. Die expressive Dimension der Sprache verlässt das monologische Modell und offenbart etwas in einem öffentlichen Raum.

Die konstitutive Dimension der Sprache besagt wiederum, dass Sprache in einen Teil der Realität eingeht, über den sie zugleich spricht. Erst indem sich, so Taylors Beispiel, die griechische Polis als eine Gesellschaft beschrieb, in der eine fundamentale Gleichheit zwischen den Bürgern als Bürgern herrscht, erst indem also Gleichheit als Wertbegriff expliziert wurde, konnte diese Gleichheit in die gesellschaftliche Praxis eingehen. Sprache bildet Praxis nicht bloß ab, sie ist vielmehr ein Teil der Praxis, ermöglicht sie erst. Die jeweiligen interpersonalen Beziehungen innerhalb einer Gesellschaft sind in und durch Sprache konstituiert. Und auch die jeweiligen Macht- und Eigentumsbeziehungen sind nicht ohne Sprache möglich, sondern realisieren sich im Medium der Sprache.

Wahrheit ist also im Bereich der gesellschaftlichen Praktiken und Beziehungen immer in Sprache eingebunden. Um solche sozialen Phänomene zu verstehen, ist deshalb – entgegen den empiristischen Auffassungen – kein völlig losgelöster, außenstehender Beobachter erforderlich. Auf ein Beispiel der griechischen Polis bezogen: Ein aus einer despotischen Kultur ins klassische Athen versetzter Beobachter wird mit dem ihn verblüffenden Gebrauch des Begriffs »gleich« konfrontiert. Es wird ihm zwar nicht weiter schwer fallen zu verstehen, dass dies meint, dass Menschen niederer Geburt sich weigern, sich dem überlegenen Adel unterzuordnen. Was ihm allerdings wahrscheinlich uneinsichtig bleibt, ist der positive Wert dieser Lebensweise. Er begreift »das Ideal eines aus frei handelnden Subjekten bestehenden Volkes nicht, in dem niemand einfach Befehle von jemand anderem empfängt; eines Volkes, das sich folglich selbst regieren muß und das dennoch den Mut, die Initiative und den Patriotismus besitzt, zusammenzustehen, wenn es um die gemeinsame Freiheit zu kämpfen gilt« (EI 93). Ein solches Ideal nachvollziehen zu können setzt – und hier greift Taylor einen Begriff aus der Hermeneutik Hans-Georg Gadamers auf – eine Art Horizontverschmelzung zwischen dem Beobachter und der zu beschreibenden Gesellschaft voraus. Man muss sich ein Stück weit auf die Praktiken einer fremden Gesellschaft einlassen, gewissermaßen in einen Dialog mit dieser eintreten, einen Dialog freilich, der, wenn er denn wirklich als solcher bezeichnet werden kann, zu einer Veränderung beider Gesprächspartner führt. Dasselbe gilt, wie Taylor weiter ausführt, für das Verständnis vergangener Kulturen: »Ich glaube mit Gadamer, daß etwas Analoges in den Fällen stattfindet, in denen ein lebendiger wechselseitiger Austausch mit den Mitgliedern der untersuchten Kultur nicht möglich ist, wenn wir zum Beispiel vergangene Gesellschaften untersuchen. Wenn wir sie zu verstehen versuchen, müssen wir eine Sprache entwickeln, die nicht einfach die Sprache unseres Selbstverständnisses ist und gewiß nicht diejenige ihres Selbstverständnisses ist, sondern eine Sprache, in der die Unterschiede zwischen uns formuliert werden können, ohne eine der beiden Seiten zu verzerren.« (NF 100)

Sprache stellt sich so einerseits als ein auf Dauer gestellter, stabiler Code dar, durch den die moralischen, evaluativen und kognitiven Dimensionen einer Gesellschaft zum Ausdruck gebracht werden. In ihr kommen die intersubjektiven Bemühungen um die Artikulation gemeinschaftlicher Empfindungen zum Ausdruck. Zugleich aber ist diese sprachliche Tradition nichts Statisches, sie verändert sich vielmehr in dem Maße, in dem die Subjekte auch Gedanken, die sich bislang nur unzulänglich in dem tradierten Sprachhorizont zum Ausdruck bringen lassen, in Worte zu fassen versuchen. Dies gilt ebenso für die gesellschaftlich tradierten Werte, die durch individiduelle Überprüfung und Umformulierung eine Veränderung erfahren können.

Der Mensch als stark wertendes Subjekt

Das szientistische Menschenbild, so lassen sich Taylors Überlegungen bis hierher mitvollziehen, ist in der Reduktion des Menschen auf ein erklärbares Objekt verkürzt. Stattdessen findet sich der Mensch immer schon in einer Umwelt vor, die für ihn eine jeweilige, sprachlich vermittelte Bedeutung hat. Und menschliches Selbstverständnis wiederum – was ein Mensch zu sein glaubt, was er gern sein möchte und was ihm wichtig ist – kann sich nur in Abhängigkeit von solchen Bedeutungen bilden. Subjektive Identität setzt also stets einen Prozess der Selbstinterpretation voraus. Dieser Prozess ist zugleich ein entscheidendes Element der Erklärung menschlichen Handelns. Mein Handeln bestimmt sich aus dem Bild, das ich von mir selbst habe, und dieses Selbstbild stellt das Resultat einer Selbstdeutung dar, die allerdings, so könnte man sagen, aus dem Fundus einer bereits gedeuteten Umwelt schöpft. Die konstitutive Eigenschaft, die solche Selbstdeutungen prägt, ist Taylor zufolge ihr normativer Gehalt. Die Deutungen, die den Menschen als sich selbst interpretierendes Tier ausweisen, sind durch »starke Wertungen« charakterisiert. Das Subjekt ist Handelnder in einem moralischen Raum; die Bedeutungen, innerhalb deren es seine Identität entfaltet, offenbaren sich, anders gesagt, als werthafte.

In seinem Aufsatz *Was heißt menschliches Handeln?* (NF 9-51) entwickelt Taylor die These, dass starke Wertungen eine konstitutive Rolle für menschliche Identität und menschliches Handeln spielen. Er bezieht sich dabei auf die von Harry Frankfurt eingeführte Unterscheidung zwischen »Wünschen erster Ordnung« und »Wünschen zweiter Ordnung« (NF 9). Danach gehört zur menschlichen Person nicht lediglich das Vermögen, Wünsche zu äußern und zu realisieren, sondern insbesondere die Fähigkeit, Wünsche zu bewerten, insofern einige etwa für dringlicher als andere gehalten werden. Taylor übernimmt diese Unterscheidung, differenziert sie jedoch noch einmal aus, indem er bei den Wünschen zweiter Ordnung zweierlei Arten der Bewertung unterscheidet. Er trennt nämlich Urteile über Wünsche, die lediglich von »schwachen«, d.h. nicht moralisch motivierten, und solche, die von »starken Wertungen« bestimmt sind. Beispiel für eine schwache Wertung wäre etwa, einen ruhigen Urlaub im Süden einem Aktivurlaub im Norden vorzuziehen, was einem bloßen Abwägen von Alternativen entspricht. Von starken Wertungen hingegen kann man dann sprechen, wenn ich mich für einen Wunsch unter einer Vielzahl von Wünschen entscheide, weil er moralisch wertvoller ist, beispielsweise »wenn ich es unterlasse, aus einem gegebenen Motiv heraus zu handeln – etwa aus einem Groll heraus oder aus Neid –, weil ich dieses Motiv für niedrig und unwürdig erachte« (NF 10f.). Solche starken Wertungen werden innerhalb eines sprachlichen Horizonts wertender Unterscheidungen verständlich. Sie implizieren qualitative Kontraste: Ich werde z.B. erst dann verstehen, was Mut ist, wenn ich weiß, was Feigheit ist, kann die Tugendhaftigkeit eines Verhaltens nur beurteilen, wenn ich eine Vorstellung von Lasterhaftigkeit habe. Und zugleich werden solche kontrastiven starken Wertungen qualitativ verschiedenen Lebensformen zugeordnet: »fragmentiert oder integriert, entfremdet oder frei, heiligmäßig oder bloß menschlich, mutig oder kleinmütig« (NF 11). Indem das Subjekt seine Handlungsabsichten in Form einer starken Wertung prüft, fragt es stets auch danach, welche Art von Leben es führen möchte. Deshalb hält Taylor ein stark wertendes Subjekt für tiefer als jenes, das lediglich seinen Neigungen folgt. Es wägt schließlich nicht bloß Alternativen gegeneinander ab – Urlaub in Bayern oder in der Toscana? Fisch oder Fleisch zum Abendessen? –, sondern beschreibt seine Motivation auf einer tieferen Ebene. Es denkt darüber nach, welche Art von Wesen es sein will, wird also zum moralisch Handelnden, indem es nicht nur Präferenzen artikuliert, sondern ebenso Fragen der Lebensqualität und der Art der Existenz, die es führen will, erörtert. Die Fähigkeit zu starken Wertungen charakterisiert für Taylor das Menschsein. Denn einem Handelnden ohne die Fähigkeit zu starken Wertungen würde die Art von Tiefe fehlen, die Taylor zufolge Menschsein ausmacht und ohne die menschliche Kommunikation nicht möglich wäre.

»Unsere Identität ist [...] durch bestimmte Wertungen definiert, die untrennbar mit uns als Handelnden verknüpft sind. Würden wir dieser Wertungen beraubt, so wären wir nicht länger wir selbst. Damit meinen wir nicht, daß wir in dem trivialen Sinne anders wären, daß wir andere Eigenschaften hätten als die, die wir jetzt haben – dies wäre tatsächlich nach jeder noch so kleinen Veränderung der Fall –, sondern daß wir in diesem Fall insgesamt die Möglichkeit verlieren würden, ein Handelnder zu sein, der wertet. Unsere Existenz als Personen und damit unsere Fähigkeit, als Personen an bestimmten Wertungen festzuhalten, würde außerhalb des Horizonts dieser wesentlichen Wertungen unmöglich, wir würden als Personen zerbrechen, wären unfähig, Personen im vollen Sinne zu sein.« (NF 37)

Die Fähigkeit, Wünsche zu bewerten, schafft allerdings ebenso eine spezifische Verantwortlichkeit, nicht nur hinsichtlich der Übereinstimmung des menschlichen Handelns mit seinen Wertungen, sondern auch für diese Wertungen selbst. Nun hat freilich auch und besonders Jean-Paul Sartre in seiner existenzialistischen Philosophie den Begriff der Verantwortung zu einer zentralen Kategorie des menschlichen Handelns gemacht. Bei Sartre vollzieht sich das menschliche Leben im Horizont von existenziellen Entwürfen, Ausgestaltungen des menschlichen Seins, die immer wieder eine »radikale Wahl« implizieren. (Vgl. NF 28 f.) In dieser Wahl muss der Mensch seine Werthorizonte stets aufs Neue individuell erzeugen; und es ist genau dieser Punkt, an dem Taylor sich von Sartre abgrenzt und seine eigene Position verdeutlicht. Denn Taylor weist nach, dass das Subjekt zwar zwischen verschiedenen starken Wertungen wählen muss, dass diese Wertungen jedoch immer schon aus einem überindividuellen, sprachlich verfassten Horizont von Wertsetzungen heraus verstanden werden. Wenn also, so erörtert Taylor ein Beispiel Sartres, ein junger Mann hin- und hergerissen ist, entweder bei seiner kränkelnden Mutter zu bleiben oder sich der Resistance anzuschließen, muss er sein moralisches Dilemma in der Tat durch eine radikale Wahl lösen. Aber um die Alternativen überhaupt als moralisches Dilemma erfahren zu können, müssen wir uns in einem Horizont bereits vollzogener Wertsetzungen befinden, von wo aus wir überhaupt zu reflektieren beginnen. Dieser vorgängige Horizont macht erst unsere Identität aus. Ihn zu verlieren oder nicht gefunden zu haben würde zu einer Identitätskrise führen. Der sartresche Akteur der radikalen Wahl hingegen hat im Augenblick der Wahl keinen solchen Werthorizont. Er könnte – als Subjekt, das seine moralischen Ansprüche qua radikaler Wahl bestimmt – sein Dilemma deshalb auch jederzeit auflösen, insofern er einen der rivalisierenden Ansprüche einfach für überholt erklärte. Insofern er der Herr der Werte ist, könnte er auch Banalstes zu einem moralischen Konflikt erheben, etwa ob er Eiscreme holen solle oder nicht. Taylor zufolge wäre er deshalb völlig ohne Identität. »Er wäre eine Art ausdehnungsloser Punkt, ein bloßer Sprung ins Leere.« (NF 38) Für Taylor stellt sich deshalb das sartresche Subjekt der radikalen Wahl dar als eine »weitere Manifestation jener immer wiederkehrenden Figur, die unsere Kultur zu realisieren trachtet«. Es wäre eine Variante des desengagierten Subjekts, »das entkörperlichte Ego, das Subjekt, das alles Sein objektivieren kann, einschließlich seines eigenen Seins, und das in radikaler Freiheit wählen kann. Aber dieses Versprechen des totalen Selbstbesitzes bedeutet in Wahrheit den totalen Selbstverlust.« (NF 38)

Nach dieser Abgrenzung wird fassbar, welche Art von Verantwortlichkeit dem Handeln von Taylors stark wertendem Subjekt zuzusprechen ist. Dessen Wertungen resultieren nicht einfach aus einer individuellen Wahl, vielmehr versteht sich jedes Subjekt aus einem Horizont bereits vollzogener Wertsetzungen. Sie sind in Sprache, in Worten und Bildern formuliert und insofern überindividuell auf eine soziale Sprachgemeinschaft zurückbezogen. Mittels dieser Sprache versucht das Subjekt nun das zu artikulieren, was ihm aufgrund seiner eigenen Lebensgeschichte als wertvoll, höher, ausgeglichener oder befriedigender erscheint. Es formuliert damit etwas, was anfangs noch unvollständig oder unklar formuliert war, und macht damit den Sachverhalt, um den es geht, auf neue Weise zugänglich oder unzugänglich. Die Verantwortlichkeit entspringt dann gerade diesem Bemühen, zu klareren Wertungen zu kommen, sodass diese sich durch neue Einsichten des Subjekts »zum Besseren ändern« (NF 44) können. Starke Wertungen sind somit keine Akte einer Wahl, in denen ein aus allen sozialen Kontexten herausgerissenes Individuum frei über die Bewertung seiner Existenz entscheidet, sondern rekurrieren sowohl auf die individuelle Lebensgeschichte wie auch auf die soziale Sprachgemeinschaft. Verantwortlichkeit kann nur innerhalb dieses Rahmens stattfinden: als Versuch einer modifizierten Interpretation, die damit zugleich zur Selbstinterpretation wird.

3. Die Verfasstheit der Moderne

Taylors Kritik naturalistischer Denkmodelle bildet das Fundament für ein weit größeres Projekt, das im Laufe der Jahre zunehmend Gestalt gewinnt. Wir haben gesehen, dass menschliches Handeln in einem einer bestimmten sozialen Gemeinschaft zugehörigen, sprachlich verfassten Horizont von Werten wurzelt. Diese Werte könnte man als Topoi auf einer moralischen Landkarte verstehen, auf der der Mensch seine individuelle Orientierung und seine Identität sucht. Diesen moralischen Raum auszuleuchten, die vielfältige Einbettung des Menschen in ein komplexes Netz sozialer, sprachlicher und normativer Bezüge zu erkunden ist in der Folge Taylors philosophisches Anliegen. Es handelt sich um einen Raum mit historischer Tiefe, denn wir zehren von den Werten, oder wie Taylor später sagen wird, von den »Gütern«, die tief im Selbstverständnis der Moderne verwurzelt sind. Zugleich allerdings zehren wir auch von den Pathologien der Moderne. Diese liegen darin, ihre eigene Werthaftigkeit nicht zu sehen, sondern sich vielmehr eine ethische Neutralität zugute zu halten, deren Leere erst durch die von keiner höheren Ordnung geprägte Vernunft des autonomen Subjekts praktisch gefüllt wird. Insofern weisen die Verzerrungen und Verkürzungen des Naturalismus, die Taylor zunächst nur in den verschiedenen Wissenschaftsbereichen aufgespürt hat, weit in die Geschichte des neuzeitlichen Denkens hinein. Durch die ganze Neuzeit zieht sich ein solch verkürzender Naturalismus. Er hat die Tendenz, den Menschen, wie Taylor sagt, »atomisiert«[17] zu denken, gewissermaßen »weltlos«, ohne Kontexte, aus denen heraus er handelt, ohne Werte, die er in seinem Handeln voraussetzt. Um also die ganze Dimension des naturalistischen Irrtums zu erfassen, muss die Kritik tiefer ansetzen als an einzelnen Wissenschaftsmodellen: Sie umfasst das gesamte Denken der Moderne, insofern es von diesem Reduktionismus geprägt ist. Taylor äußerte sich zu dieser »Verhexung« der Neuzeit in einem Interview:

»Meine Kritik der Neuzeit betrifft genau diese ›Verhexung‹ – damit benutze ich [...] ein Wort von Wittgenstein – durch dieses Modell der Naturwissenschaften. Der Mensch erscheint als Gegenstand der Naturwissenschaften, dabei wird er als Handelnder, als sich selbst in seinem Handeln Interpretierender, völlig vergessen. Dieses Denkmodell ist weit verbreitet und stört auf vielen Ebenen unser Selbstverständnis, zum Beispiel in der Psychologie, in den einzelnen Wissenschaften vom Menschen, aber auch in technologischen oder politischen Fragen. Wir haben die Tendenz, oft nach einem objektivierenden Modell zu handeln, etwa wenn wir Politik auf der technologischen Ebene zu lösen versuchen. Ich habe mit einer ganzen Reihe von regionalen Kritiken an diesem Modell begonnen, aber letztlich mache ich den Versuch, die Anziehungskraft dieses Irrtums selber zu erklären [...]. Man muß sozusagen in den tiefsten Quellen der Moderne nachforschen, um die Quellen der Verhexung zu verstehen.« (IV 197)

Deshalb ist eines der Hauptprojekte des taylorschen Denkens ein Erkunden des Selbstverständnisses und der Irrtümer der Moderne, eine Beschreibung ihrer Ambivalenzen, die oftmals Ausdruck ihrer ungelösten Konflikte sind. Denn in dem Maße, in dem die Neuzeit einen Subjektbegriff entwarf, der in seiner Autonomie der Natur wie der Welt frei entgegentrat – um sie in der Folge zu unterwerfen –, wurden ebenso Stimmen laut, die auf die Heimat- und Haltlosigkeit eines solchen Subjekts hinwiesen und dieses deshalb wieder zu verwurzeln suchten. Kurz: Den aufklärerischen Bestrebungen einer »Entzauberung der Welt« stand immer auch das romantische Verlangen nach Traum und Poesie gegenüber. In seinem Hegel-Buch beschreibt Taylor das Ringen dieser beiden großen neuzeitlichen Bewegungen sowie Hegels Versuch einer Synthese aufklärerischer und romantischer Tendenzen. Vierzehn Jahre später, in seinen *Quellen des Selbst*, greift Taylor die Arbeit einer historischen Rekonstruktion noch einmal auf, um in einer Art archäologischem Monumentalismus nach den »Gütern der Moderne« zu schürfen. Damit will er jene Tiefendimensionen wiedergewinnen, die die oftmals verborgenen moralischen Gehalte der Moderne bilden und ohne die menschliches Handeln nur unzureichend verstanden werden kann.

Untersuchungen zu Hegel

Mit seinem Hegel-Buch von 1975 entfaltet Taylor den Spannungsbogen, innerhalb dessen sich seine nachfolgenden Analysen zu den Widersprüchen, Konflikten und Versöhnungsversuchen der Moderne bewegen. In dem monumentalen, annähernd achthundert Seiten umfassenden Buch liefert er nicht nur eine Interpretation des gesamten hegelschen Werkes, vielmehr sieht er die hegelsche Philosophie als den Versuch einer Lösung des Grundkonflikts der Moderne, als den Versuch, »die sich selbst ihr Gesetz gebende rationale Freiheit des Kantischen Subjekts mit der im Menschen vorhandenen Einheit des Ausdrucks und mit der Natur zusammenzubringen« (HE 707). Hier zeigt sich schon Taylors Neigung zu komplexer historischer Rekonstruktion, so wie er es extensiver noch in seinem rund fünfzehn Jahre später erschienenen Werk *Quellen des Selbst* ausführt: Im Hegel-

Buch entwirft Taylor die geistige Situation der »romantischen Generation« gegen Ende des 18. Jahrhunderts, auf deren Widersprüche Hegel eine Antwort zu geben suchte. Und er zeigt, wie die Fragen, die die damalige Zeit bewegten, ebenso wie die Antworten, die Hegel darauf gab, heute noch Aktualität haben, wobei Taylor freilich keinen Hehl daraus macht, dass er die hegelsche Systemidee für gescheitert hält. Sein Buch über Hegel liest sich in Teilen wie eine Detailstudie zu den *Quellen des Selbst*, in der der Dreh- und Angelpunkt seiner Analysen zur Moderne – der Gegensatz zwischen aufklärerisch-naturalistischer und romantisch-expressivistischer Weltsicht – fokussiert wird.

Stark beeinflusst in seiner Einschätzung der Widersprüche der Moderne ist Taylor dabei von seinem Freund und Lehrer Isaiah Berlin, der in seinen geistesgeschichtlichen Aufsätzen die frühen romantischen Gegenströmungen zum rationalistisch-aufklärerischen Denken herausstellt. Die Moderne, so skizziert Taylor bereits hier das Thema, das ihn auch in seinen späteren Arbeiten beschäftigt, ist in sich gespalten und zugleich darum bemüht, diese Spaltung zu überwinden. Ihre Probleme entstehen durch eine völlig neue Auffassung von der Beschaffenheit der menschlichen Subjektivität und ihrer Beziehung zur Welt. »Das moderne Subjekt ist selbstbestimmt, während nach früheren Ansichten das Subjekt in Beziehung zu einer kosmischen Ordnung bestimmt wird.« (HE 16 f.) Dies ist eine Revolution der Denkungsart, die mitnichten nur für eine philosophisch interessierte Minorität von Bedeutung war, sondern die »niemanden in der europäischen Gesellschaft, niemanden in der gesamten Welt unerreicht und unverändert gelassen« (HE 21) hat.

Die Moderne und insbesondere das Zeitalter der Aufklärung hat die Emanzipation des Menschen von einer gottgewollten kosmischen Ordnung durchgesetzt und das Cogito zur Grundlage allen Wissens gemacht. Die menschliche Freiheit als vernünftige Freiheit ist die grundlegend neue Idee der Moderne. Auf dieser Basis entwickelte sich jener Begriff des modernen Subjekts, das qua seiner Vernunft über sich selbst bestimmen konnte und das mit ebendieser Vernunft an die Natur ging, um sie, wie es bei Kant heißt, in der Rolle des »bestallten Richters«[18] zu nötigen, auf die Fragen zu antworten, die es ihr vorlegte. Anders gesagt, die Natur wurde entzaubert, insofern das Göttliche aus ihr entschwand; sie wurde zum Objekt für ein Subjekt gemacht. »Der neue Objektivitätsbegriff verwarf den Rekurs auf letzte Gründe. Er war in dem Sinne mechanistisch, als er nur tatsächlich wirkenden Ursächlichkeiten vertraute; er war in dem Sinne atomistisch, als er sich die Veränderung der komplexen Dinge nicht durch konfigurierte oder holistische Eigentümlichkeiten erklärte, sondern durch wirkende Kausalverbindungen zwischen Grundbestandteilen. Und er strebte dadurch nach Homogenität, daß anscheinend qualitativ unterschiedliche Dinge als alternative Ausgestaltungen aus denselben fundamentalen Bestandteilen und Prinzipien heraus erklärt werden sollten.« (HE 22) Dieser neue Objektivitätsbegriff blieb jedoch nicht auf die äußere Natur beschränkt, sondern bezog sich ebenso auf den Menschen. Zwar ist dieser einerseits Subjekt des Wissens, andererseits ist er in seiner Körperlichkeit ebenso Natur und damit Objekt. Die Moderne entwirft also mit der Aufklärung das Bild einer zweigeteilten Welt, in der die Vernunft der Natur, der Geist dem Körper, Subjektivität der Objektivität gegenübergestellt ist.

Von Anfang an wurden solche modernen aufklärerischen Ideen unterspült von einer Kritik an der daraus resultierenden Zweiteilung der Welt und des Menschen, einer Kritik, in deren Tradition auch Taylor sein Denken entfaltet. Sie wandte sich gegen die Objektivierung der Natur, die Zerlegung des Menschen in Körper und Seele und gegen einen von Gefühl und Willen getrennten Vernunftbegriff. So entwickelte etwa Herder, auf dessen Theorien Taylor immer wieder zurückgreift, eine alternative Idee vom Menschen. Im Mittelpunkt dieser Anthropologie steht die Kategorie des »Ausdrucks« (HE 28 ff.), ein Begriff, dessen Verwendung auf Isaiah Berlin zurückgeht und von dem Taylor selbst schreibt, dass er lediglich ein »Behelfsbegriff« (HE 28, Anm. 8) sei. Gemeint ist mit diesem Begriff, dem eine zentrale Bedeutung in der Aufklärungskritik des 18. Jahrhunderts zukommt und den Taylor als bestimmend für Rousseau, Herder und später die romantische Bewegung ausweist, dass die menschlichen Handlungen und das menschliche Leben als Ausdrucksformen betrachtet werden, als die Verwirklichung einer Absicht, einer Idee, unter die das jeweilige Subjekt sein eigenes Leben stellt. Es realisiert sich als ein je eigenes »Selbst«, insofern es eine je eigene Individualität entfaltet. Jedes menschliche Leben hat dementsprechend seine eigene Qualität, und das höchste Ziel des Menschen besteht darin, sein Leben so zu gestalten, dass seinem ureigensten Wesen zum Ausdruck verholfen wird. Wenn eine solche »Ausdrucks-Anthropologie« auch mit der aufklärerischen Vorstellung einer Objektivierbarkeit der menschlichen Natur bricht, so teilt sie mit dieser doch die Beurteilung von Freiheit und Selbstbestimmung für das menschliche Leben. Allerdings machte die aufklärerische Freiheitsauffassung sich eher stark für die Unabhängigkeit der sich selbst bestimmenden Subjektivität gegenüber äußerer Macht – der Staatsmacht sowie der religiösen Autorität –, während sich die romantische Idee der Freiheit auf die Möglichkeit eines authentischen Selbstausdrucks bezieht. Entsprechend Letzterem ist auch der Erkenntnisbegriff Herders gelagert: Ihm geht es nicht primär um Erkenntnis der menschlichen Natur, sondern um die Erkenntnis des eigenen Lebens als adäquaten Ausdruck dessen, was es potenziell ist, vergleichbar dem Künstler oder Schriftsteller, der seine Botschaft im Werk realisiert.

Damit verändert sich aber auch Herders Verständnis der Sprache. Denn Sprache ist dann nicht länger – wie für die Aufklärung – ein auf die Dinge verweisendes Zeichen. Insofern der menschliche Ausdruck sich nur in Sprache realisieren kann, wird Sprache vielmehr zum privilegierten Spiegelbild des Menschseins. Deshalb wird das Studium der Sprache zu einem zentralen und unumgänglichen Weg, um die menschlichen Verschiedenartigkeiten zu verstehen. In einem engen Zusammenhang mit diesem veränderten Sprachverständnis veränderte sich auch die Auffassung von Kunst. Die Funktion der Kunst wurde bis zur Zeit des Sturm und Drangs entweder in der Abbildung der Welt, in der Läuterung oder auch Erheiterung des Menschen gesehen. Nun aber wird Kunst zur Bekundung der tiefsten Empfindungen des Künstlers, der allerdings darin nicht bloß subjektiv Beliebiges, sondern sozusagen die Wahrheit der Welt ausdrückt.

Die gesamte Ausdruckslehre, wie sie von Herder und später von der romantischen Bewegung vertreten wurde, ist als eine Erwiderung auf das mechanistische, atomistische und utilitaristische Bild vom Leben, wie es die Aufklärung sah, zu verstehen. Dementsprechend versuchten die aufklärungskritischen Strömungen die Lebenseinheit wieder zusammenzufügen. Sie hatten die Vision einer Wiedervereinigung der selbstbestimmten Subjektivität mit den Mitmenschen zu einer tief verbundenen Gemeinschaft sowie einer Wiedervereinigung mit der Natur. Solch leidenschaftliches Verlangen nach Einheit und Ganzheit hat Taylor keineswegs aus den Archiven der Geistesgeschichte ans Tageslicht geholt, es ist auch heute noch aktuell. So ordnet er die Protestaktionen der vornehmlich studentischen Jugend im Pariser Mai mit ihrer Forderung »Fantasie an die Macht« durchaus in den Kontext eines Protestes gegen die Zwänge einer bloß technologischen Gesellschaft ein.

»Auch heute wird [der Gesellschaft] der Vorwurf gemacht, die Vernunft von der Emotion, das Denken vom Gefühl getrennt zu haben, und zwar zugunsten einer Verkümmerung der Menschen und einer Abstumpfung ihrer Kreativität, die im Laufe der Zeit zu deren Deformation führte und sie deswegen in einer Klassengesellschaft voneinander trennte. Dadurch negierte sie die Gemeinschaft, mit der die Menschen sich hätten identifizieren können, und konfrontierte sie statt dessen mit der nackten Gewalt, die ihnen Freiheit verweigerte.

Das war der Grund, warum im Mai 1968 in Paris die Hoffnung auf eine ›société décloisonnée‹ wie ein Lauffeuer um sich griff, eine Gesellschaft, in der die Barrieren zwischen den verschiedenen Lebensbereichen, Arbeit und Muße, Liebe und Politik und ineins damit die Klassenschranken aufgehoben sind, während dieses ›décloisonnement‹ von einer Flut kreativer Energie getragen wird und zugleich diese erst freisetzt. Die letzte überwundene Barriere ist daher diejenige zwischen Kunst und Leben.« (HE 48)

Allerdings barg das romantische Projekt einer Wiedervereinigung der durch die Aufklärung getrennten Sphären selbst neue Probleme und Widersprüche in sich. So wie die Aufklärung ein freies, schöpferisches Subjekt entwarf, das für diese Freiheit allerdings den Preis bezahlen musste, exiliert in einer gottverlassenen Welt zu sein, so kam es bei den Romantikern zu einer Wiedervereinigung mit dem Göttlichen auf Kosten der menschlichen Autonomie. Denn die gewünschte Synthese von Subjektivität und Natur setzt die Annahme eines kosmischen Prinzips voraus, das beide Bereiche einend durchdringt. Ein diffuser Pantheismus, intuitiv erspürte Einheit mit der Natur, Wiederhinwendung zum Christentum waren die Erklärungsversuche der Romantiker, durch die der Mensch mit dem Ganzen der Natur verschmolz; für Taylor unbefriedigende Lösungsmodelle in der »zwielichtigen Zone der Intuition und der Phantasie« (HE 77).

Allein Hegel – vor allem der gereifte Hegel – war nach Taylor in der Generation der Romantiker dazu in der Lage, die Autonomieansprüche eines vernünftigen Subjekts, so wie es die Aufklärung gedacht hatte, mit der romantischen Sehnsucht, die darin aufgebrochenen Spaltungen wieder aufzuheben, zusammenzufügen. Die Hauptaufgabe der Philosophie ist nach Hegel die Aufhebung der Entzweiung. Doch endete sein Versuch einer Synthese nicht in dem letztlich mythischen, jeglicher Vernunft entsagenden Geraune der Romantiker, noch blieb er bei einer Vernunft – in hegelscher Terminologie: dem »Verstand« – stehen, die der Aufklärung entsprang und die von den Romantikern berechtigterweise als entzweiend, analysierend, individualisierend, tötend beschrieben wurde. Vielmehr wollte Hegel beide Seiten zu einer Einheit bringen, im Sinne einer Versöhnung der Gegensätze.

»Dies sind also die Gegensätze, die die Philosophie überwinden muß: zwischen dem wissenden Subjekt und seiner Welt, zwischen Natur und Freiheit, zwischen Individuum und Gesellschaft, zwischen endlichem und unendlichem Geist oder zwischen dem freien Menschen und seinem Schicksal. Für die Philosophie bedeutet dieses Überwinden der Gegensätze aber: wie überwinden diese Gegensätze sich selbst? Und ›überwinden‹ heißt hier nicht einfach ›ungeschehen machen‹; es steht außer Zweifel, daß nicht zum ursprünglichen Bewußtsein vor der Trennung des Subjekts von der Natur zurückgekehrt werden darf. Im Gegenteil richtet sich das Streben darauf, die Frucht dieser Trennung, das freie vernünftige Bewußtsein, zu bewahren und zugleich dieses Bewußtsein mit der Ganzheit, d.h. mit der Natur, der Gesellschaft, Gott und dem Schicksal zu versöhnen.« (HE 117)

Hegel will die Gegensätze also zugleich bewahren und versöhnen. Bewahren, weil der Mensch ohne Trennung von der Natur, von Gott oder der Idee einer Vorsehung nie zur selbstbewussten, vernünftigen Autonomie gelangt wäre, sodass nun jeder Versuch, zu einer ursprünglichen Einheit zurückzukehren, einer Regression gleichkäme, die Mensch und Natur wieder zu einer amorphen, vernunft- und geistlosen Masse verschmelzen würde. Versöhnt werden aber müssen die Gegensätze ebenso, weil die vielfältigen Entzweiungen Trennungen von einer ursprünglichen Einheit darstellen, die es zu überwinden gilt. Aber die Überwindung der Trennungen muss sich gleichsam auf einer höheren Ebene vollziehen, in einer dialektischen Bewegung sollen aufklärerische Ideen sowie ihre romantischen Widerparte in einer Synthese »aufgehoben« werden.

Hegel glaubt diese Synthese leisten zu können, indem er im Gegensatz zum herkömmlichen Identitätsdenken zeigt, dass jedes Denken, indem es Identität denkt, zugleich – dialektisch – Differenz in sich enthalten muss, da es sonst ungeschieden konturlos bliebe. Geist etwa ist nur so denkbar, dass er sich von der Natur absetzt, ebenso wie Natur erst begriffen werden kann, wenn sie als dem Geist Entgegengesetztes verstanden wird. Und weil jedes nicht ohne sein anderes gedacht werden kann, liegt in der Differenz zugleich eine Identität, die allerdings, insofern sie nun begriffene und nicht bloß ungeschiedene Identität ist, eine höhere Einheit bedeutet.

»Ein Gegensatz entsteht aus einer früheren Identität und dies notwendigerweise: Die Identität kann sich nicht selbst erhalten, sondern muß einen Gegensatz hervorbringen. Und daraus folgt, daß der Gegensatz nicht nur einfach ein Gegensatz ist; vielmehr ist die Beziehung von jedem Begriff zu seinem Gegensatz eine besonders enge. Er ist nicht nur bezogen auf *ein* anderes, sondern auf *sein* anderes, und diese versteckte Identität wird sich notwendigerweise in einer Wiedererlangung der Einheit wieder geltend machen.« (HE 118)

Die Entfaltung der Widersprüche ist also eine Voraussetzung zu deren finaler Versöhnung, wobei aber nicht mehr, wie es den Romantikern unterlief, gewissermaßen einer der Widersprüche dem anderen geopfert wird. Vielmehr wird die romantische

Sehnsucht nach einer Vereinigung des selbstbestimmten Subjekts mit der Natur und mit der Welt auf eine vollkommen rationale Art verwirklicht.

Auf annähernd sechshundert Seiten vollzieht Taylor die hegelschen Synthesen nach, versucht, seine Beweisführungen zu entschlüsseln, sodass schließlich mit Taylors Buch eine der komplexesten zeitgenössischen Hegel-Interpretationen vorliegt. Es sind drei Beweisführungen, mit denen die Dualismen, die Hegels Zeit umtrieben, gelöst werden sollen und die Taylor nachzeichnet. Hier ist zunächst die Argumentation der *Phänomenologie des Geistes* zu nennen, in der gezeigt wird, wie die Bewusstseinsformen, angefangen bei ihren elementarsten Gestalten, sich aus ihren inneren Widersprüchen heraus weiterentwickeln bis hin zu dem sich selbst erkennenden Geist, dem absoluten Wissen. Es ist weiterhin die Argumentation, die sich in Hegels *Logik* findet und die sich mit den Kategorien befasst, in denen wir die Welt denken. Beginnend mit der ärmsten und leersten Kategorie, der des Seins, zeigt Hegel auch da, wie die Kategorien in ihrer Widersprüchlichkeit auf eine andere verweisen, bis schließlich in der Idee – als dem objektiv Wahren und zugleich dem wahren Sein – die Bewegung des Widerspruchs an ihr Ende kommt. Und zum dritten beschäftigt Taylor sich mit der Argumentation, die mit dem unverbundenen Durcheinander, als das sich die Welt darstellt, beginnt und in ein System der Notwendigkeit mündet, an dessen Gipfel der Geist steht. Es sind Argumentationen, wie sie sich in der Naturphilosophie, in der Philosophie des Geistes, doch auch in der Rechtsphilosophie oder der Geschichte der Philosophie finden.

Trotz der Bewunderung, die Taylor Hegel entgegenbringt, lässt er keinen Zweifel daran, dass sich die »großartige Hegelsche Synthese« (HE 705) aufgelöst hat. Die Totalität des hegelschen Systems, in dem die gesamte Bewegung des Universums und der Geschichte eine Bewegung des zu sich selbst kommenden Geistes ist und in dem die Versöhnung aller Widersprüche in einer vollkommen rationalen Form zur Verwirklichung kommt, ist heute unglaubhaft geworden. Die Geschichte ist nicht länger als eine Verwirklichung von Vernunft und Freiheit zu beschreiben. Die von Hegel angestrebte Synthese zwischen einem autonomen, vernünftigen Subjekt und der im Menschen vorhandenen Einheit des Ausdrucks und der Natur hat sich in der Realität nicht vollzogen. Im Gegenteil haben sich die Gegensätze zunehmend verschärft. Einerseits ist es in der industriell-technischen Welt zu einer fortschreitenden Vergegenständlichung und Unterwerfung der Natur gekommen. Innerhalb der wichtigsten gesellschaftlichen Institutionen sind die Konzepte der Aufklärung verwirklicht worden. Auf der anderen Seite haben die romantischen Strömungen als Opposition zu der aufgeklärten, versachlichten Welt auch weiterhin Bestand. Alle Denker, die in der romantischen Tradition stehen, äußern Kritik an den Lebensformen der modernen westlichen Gesellschaften, doch bleibt es allein dem privaten Leben vorbehalten, die romantischen Ideen der Erfüllung und des authentischen Ausdrucks der Menschen zu realisieren. »Die moderne Gesellschaft ist romantisch in ihrem privaten Leben und utilitaristisch oder instrumentalistisch in ihrem öffentlichen, auf Effektivität ausgerichteten Leben.« (HE 710) Die Vorstellung von der Natur als Ausdruck des Geistes und die Aufforderung, der Mensch solle mit dieser Natur wieder eine Einheit bilden, haben in einer solchen Welt keinen Platz mehr. Das teleologische Versöhnungsmodell, das Hegel – und in einer Art umgestülptem Hegelianismus dann Marx – entwickelte, ist gescheitert.

Dennoch bleibt das hegelsche Denkmodell Taylor zufolge aktuell. Denn der Konflikt zwischen dem freien Subjekt und dessen Loslösung von der Welt hat bis heute an Brisanz eher zugenommen. Allerdings münden sämtliche Versuche von Protest- und Befreiungsbewegungen, diese Situation der Entfremdung aufzuheben, in der Idee einer inhaltslosen Freiheit. Sie alle vermitteln »keine Vorstellung von der freien Gesellschaft, die über die leeren Formeln hinausgeht, daß sie unendlich schöpferisch sein sollte, keine Trennungen, ob zwischen oder in den Menschen, beinhalten sollte, oder zwischen den Existenzebenen, [...] daß es keine Gewalt in ihr geben sollte, keine Repräsentation usw. In diesen negativen Charakterisierungen wird die gesamte menschliche Situation hinweggedacht.« (HE 734) So hängen wir heute einer Idee von Freiheit an, die mit allen Abhängigkeiten gebrochen hat und allein noch vom Selbst abhängig ist.[19] Eine solche Freiheit wäre aber leer,

»nichts würde eine irgendwie geartete Gültigkeit für irgend jemanden oder irgend etwas haben. Das Selbst, das dadurch frei geworden ist, daß es alle äußeren Hindernisse und Einwirkungen außer acht gelassen hat, ist charakterlos und ohne definierten Zweck, auch wenn diese Eigenschaften hinter scheinbar positiven Begriffen wie ›Rationalität‹ oder ›Kreativität‹ verborgen werden. Diese Begriffe sind als Kriterien für das menschliche Handeln oder die menschliche Lebensweise unbestimmt. Sie können für unser Handeln außerhalb einer Situation, die uns Ziele setzt, der Rationalität eine Form verleiht und auf die Kreativität anregend wirkt, keinen Inhalt bestimmen.« (HE 736)

Zugleich taucht mit der Bejahung einer radikalen Freiheit, die jenseits aller Bindungen gewissermaßen nur noch abhängig von sich selbst ist, die Gefahr des Nihilismus auf, wie ihn Nietzsche propagierte. Nichts hat darin länger Bestand, was nicht der Freiheit selbst zum Opfer fiele, die zu ihrer eigenen Selbstbestätigung die Ablehnung aller Werte forcieren muss.

Dagegen muss Taylor zufolge jede Freiheit als durch eine Situation bestimmt gedacht werden, die unserer Beschaffenheit als natürliche oder soziale Wesen Rechnung trägt. Und Hegels Anstrengung galt eben dem Versuch, diese leere Freiheit zu überwinden, ohne allerdings dem Subjekt seinen rationalen Willen zu nehmen. Er »situiert« das Subjekt, stellt es in den Zusammenhang des Lebens, der Natur, der sozialen Praktiken und Institutionen. Hegel gehört in jene Entwicklungsreihe, die, angefangen bei Herder und Humboldt, bis zum zeitgenössischen Sprachverständnis führt. Auch er sieht die Sprache nicht als ein bloßes Instrumentarium von Zeichen, sondern als Vermittlerin von Erkenntnis. Sprache »enthüllt« erst die Dinge, statt ihnen wie ein Etikett aufgeklebt zu sein – und die Art, wie die Dinge enthüllt werden, verweist zurück auf bestimmte Lebensformen, auf Soziales, auf Geschichte, auf Zeit. Der Mensch verfügt dann nicht mehr über Sprache, er ist in die Sprache eingelassen, in der Sprache situiert.

Allerdings stehen alle hegelschen Bestrebungen, den Menschen neu zu situieren, unter dem Vorzeichen einer Selbstverwirklichung des Absoluten, unter der Herrschaft des Geistes als ontologischer Grundlage der Welt in rationaler Notwendigkeit. Doch obwohl solche ontologischen Vorstellungen nicht mehr unsere sind, bleibt Hegels Denken Taylor zufolge einer der unentbehrlichsten Bezugspunkte bei der philosophischen Suche nach einer situationsbezogenen, bestimmten Subjektivität. Wir entdecken »in Hegels Werk doch die gründlichsten und weitreichendsten Versuche, eine Auffassung von verkörperter Subjektivität, vom Denken und von der Freiheit herauszuarbeiten, die allesamt aus dem Lebensprozeß hervorgehen, ihren Ausdruck in den Formen sozialer Existenz finden und sich in ihrem Verhältnis zu Natur und Geschichte selbst erfahren« (HE 749).[20]

Eine Neudeutung der Moderne

Die Moderne: eine einzigartige Verbindung aus Größe und Gefahr

Bereits in seinem Buch über Hegel beschreibt Taylor die widersprüchliche Verfasstheit der Moderne, wie sie sich insbesondere für die Zeitgenossen Hegels darstellte. Er zeichnet die aufklärerisch-naturalistische wie auch die romantisch-expressivistische Weltsicht samt ihrer jeweiligen Aporien und vor allem Hegels Lösungsversuch nach. Das Thema dieser in sich gespaltenen Moderne – und der Möglichkeit einer Versöhnung – lässt Taylor auch in seinen späteren Arbeiten nicht los. Dabei teilt er selbst ein eher romantisch inspiriertes Unbehagen an der Moderne. Denn trotz ihrer unbestreitbaren Erfolge sieht Taylor unsere Epoche von einer spirituellen Armut geprägt. Der Mensch der Moderne, so die fatale Diagnose, ist unbehaust und bewegt sich in einem Sinnvakuum, das kein Erfolg von Technik und Wissenschaft zu füllen vermag.

Dieses Sinnvakuum ist auf eben jenes »naturalistische Temperament« (QS 43) zurückzuführen, das Taylor schon in seinen frühen Aufsätzen in Bezug auf die verkürzten Modelle der Humanwissenschaft kritisiert hat, das aber darüber hinaus den Menschen existenziell bedroht und ihn geradezu an den Abgrund des Nihilismus führt. Damit ist zugleich die Vorstellung verbunden, dass der Mensch sich mittels seiner Vernunft gewissermaßen selbst erschafft und so seine Unabhängigkeit von jeglichen ihn umgebenden sprachlichen, sozialen oder moralischen Horizonten demonstriert. Im Namen der Vernunft trat er an gegen unbefragte Autoritäten, vor allem die Autorität der Kirche, gegen Aberglauben und Dogmatik. Das Erkenntnisideal des neuzeitlichen Menschen ist das einer desengagierten Vernunft, die sich neutral und mit naturwissenschaftlicher Strenge ihrem

Untersuchungsgegenstand nähert. Es versinnbildlicht sich besonders im Denken René Descartes', der den Verwirrungen der traditionellen Ontologien dadurch zu entkommen versuchte, dass er uns aus unserer »liederlichen Einbettung in unsere leibliche Konstitution, unsere dialogische Situation, unsere Gemütsbewegungen und unsere traditionellen Lebensformen« (UM 114) befreien wollte, um zu der Klarheit des Cogito, einer reinen, sich selbst begründenden Vernunft zu kommen. Das im Cartesianismus grundgelegte, unsere Moderne bestimmende Ideal ist das des selbst verantwortlichen, sich selbst steuernden Denkens, »das nicht nur die es umgebende Welt, sondern auch seine eigenen Gemütsbewegungen und Neigungen, Ängste und Zwangsvorstellungen zu objektivieren und dadurch eine Art von Distanz und kühler Gefaßtheit zu erreichen vermag, die es ihm gestattet, ›vernünftig‹ zu handeln« (QS 47). Bis heute fühlen sich Philosophen wie Jürgen Habermas, Ronald Dworkin oder John Rawls den Ideen von Descartes oder Kant verpflichtet und sehen in dem skeptisch-ungläubigen Geist der Aufklärung die Chance für mehr Freiheit, mehr Humanität und den wirksamsten Schutz vor Irrationalismus und Fundamentalismus. In der Tat ist die Idee jenes einzig der Evidenz des Cogito verpflichteten Subjekts eines der tragendsten Konzepte der Moderne. Das vernünftige Subjekt, wie es von Descartes entworfen wurde, revolutionierte die politischen, sozialen und auch privaten Gewissheiten so nachhaltig, dass es, wie Taylor meint, noch in den Individualisierungstendenzen unserer Zeit aufzufinden ist.

»Dem Begriff vom freien, desengagierten Subjekt entspricht eine Auffassung, wonach die Gesellschaft von freien Individuen gebildet wird und durch deren Konsens zustande kommt, woraus sich folgerecht die Vorstellung ergibt, die Gesellschaft bestehe aus Trägern individueller Rechte. Das ist vielleicht eines der am tiefsten eingebürgerten Gesellschaftsbilder, die von der neuzeitlichen Zivilisation hervorgebracht worden sind. Es beginnt im siebzehnten Jahrhundert mit den berühmten Theorien des Gesellschaftsvertrags, entwickelt sich dann aber weiter und wandelt sich, bis es heute unter anderem auf zwischenmenschlicher Ebene und in einer vielleicht heruntergekommenen Form in der modernen Form einer Liebes-›Beziehung‹ zwischen zwei unabhängigen Wesen wieder in Erscheinung tritt.« (QS 202f.)

Doch zugleich ist jene »wohlvertraute Figur der Moderne«, nämlich das »Subjekt des Desengagements und der rationalen Kontrolle«, ein wichtiger Grund für das Unbehagen, das immer wieder an der Moderne geäußert wurde. »Man könnte nachgerade sagen, es stelle eine Möglichkeit der Selbstdeutung dar, die wir nur mühevoll abschütteln können.« (QS 289) Mit der Konstruktion eines Cogito, das, frei von allen es behindernden Vorurteilen, Ideen und Wertvorstellungen, allein mit einer unbestechlichen Vernunft ausgestattet ist, folgt die Neuzeit dem Ideal einer Subjektivität, die mit dem Insistieren auf ihrer Unabhängigkeit auch ihre Abtrennung von der Welt forciert. Dies wird Taylor zufolge besonders da problematisch, wo das desengagierte Subjekt noch die gesetzgebende Instanz für jegliche moralische Norm zu sein vermeint. Denn auch alle ethischen Vorstellungen werden zunächst einer rationalen Prüfung unterzogen, durch die sie erst legitimiert werden, das Handeln zu bestimmen. Rationalität geht vor Ethik, so könnte man sagen, und gerade hierin liegt für Taylor die »unbehagliche« Dimension des desengagierten Subjekts. Kein inhaltlicher Wert, keine moralische Gewissheit, keine »Idee des Guten« vermag dem desengagierten Subjekt vorauszugehen, weil jeder Inhalt erst im Nachher des Urteils des vernünftigen Subjekts steht. Indem es also das Grundanliegen des neuzeitlichen Denkens ist, kein Gesetz und keine Norm anzunehmen, die nicht zuvor den Gerichtshof der Vernunft passierten, bewegt es sich in einem moralischen Vakuum. Der moderne Mensch ist von allen »konstitutiven Belangen« (QS 99) außer seinem Selbstbewusstsein losgelöst. Er findet sich in einer neutralen Welt vor, die erst dann etwas sagt, wenn sie mittels der menschlichen Vernunft befragt wird, und nur auf das antwortet, was diese ihr vorlegt.

Eng verbunden mit der modernen Leitidee der desengagierten Vernunft sind jene Ethiken, denen zufolge ethisches Handeln zwar bestimmte Prinzipien zu beachten habe, inhaltlichen Werten gegenüber aber neutral bleiben müsse. Die Hauptlinie der neuzeitlichen Entwürfe zu einer praktischen Vernunft versucht lediglich die Frage, was wir tun sollen, nach allgemein gültigen Normen zu klären. Die ontologische Frage jedoch, was von sich aus wertvoll sei, wird dabei nicht gestellt, ja sogar abgewiesen, ist es doch das desengagierte und insbesondere auch selbstbestimmte Subjekt selbst, das mittels seiner Vernunft über richtig und falsch entscheidet. Anders als es der Antike geläufig war, kann das Gute nicht länger in etwas quasi Natürlichem, in etwas, was jenseits von unserem Willen liegt, angesiedelt werden; sei es wie bei Platon in einer kosmischen Ordnung oder wie bei Aristoteles in der Form des guten Lebens. Zum Selbstverständnis der Moderne gehört vielmehr die Idee eines freien, unabhängigen Subjekts, »das die eigenen Zwecke ohne Einmischung von seiten einer äußeren Autorität bestimmt« (QS 158). Normative Einstellungen müssen deshalb ihren Ursprung im menschlichen Willen haben; sie sind weder durch die Natur noch durch eine vorgegebene Autorität zu begründen. Kant formulierte dann in ausgereifter Form, dass das moralische Gesetz aus dem freien Willen des handelnden Vernunftwesens entspringe. Menschliche Freiheit bewährt sich gerade darin, das moralische Gesetz nach den Maßstäben der eigenen Vernunft zu bestimmen. Denn was wahrhaftig von mir ausgeht, wird von der Vernunft erzeugt, und das Leben gemäß den Prinzipien der Vernunft ist zugleich meine Freiheit. Im Gegensatz zur Natur, die in blinder Übereinstimmung mit Gesetzen verläuft, vermag der Mensch qua Vernunft selbst Gesetze aufzustellen, denen zu gehorchen er dann die Pflicht hat. Es sind jedoch Gesetze, die keine qualitativen Unterscheidungen im Sinne allgemein gültiger, inhaltlich bestimmter Werte treffen; Kant genügte eine formale Regel: die Handlungsanweisung des kategorischen Imperativs. »Im Brennpunkt stehen Prinzipien, Vorschriften oder Standards, die das *Handeln* leiten, während Anschauungsweisen des Guten völlig außer acht gelassen werden. Das moralische Handeln befaßt sich in kurzsichtiger Art mit dem, was wir *tun* sollen, ohne auch auf das einzugehen, was von sich aus wertvoll ist bzw. was wir bewundern oder lieben sollten.« (QS 162)

Dass die Freiheit der desengagierten Vernunft mitsamt ihrem moralischen Urteilsvermögen zugleich eine Leere in sich birgt, ist allerdings das Thema der romantischen Strömungen, wie sie seit rund 250 Jahren warnend unsere Kultur begleiten. Die Autonomie des Cogito führe zu einer Instrumentalisierung der Welt und die Freiheit des Einzelnen sei nur um den Preis zwischenmenschlicher Kälte zu haben. Insbesondere die romantische Literatur fasste dieses Unbehagen an der Moderne in sinnfällige Bilder. Der Mensch erscheint darin entwurzelt, wie es Metaphern vom »verkauften Schatten«, vom »kalten Herzen« oder vom Menschen als aufziehbarem Automaten deutlich machen. Der moderne Mensch befindet sich inmitten eines Vakuums an Sinn, das frühere Epochen, in denen der Kosmos als ein sinnvoll geordnetes Gebilde erschien, nicht kannten. Denn er muss sich seinen Sinn selbst schaffen; anders gesagt: ob ein Sinn vorhanden ist, hängt stark davon ab, ob wir einen Sinn artikulieren, ob wir uns einen Sinn erfinden können. Wir haben – durch unseren Anspruch auf Freiheit und Selbstbestimmung – alles abgeschafft, was früheren Zeiten Halt verlieh: »den Bereich des Ruhms in den Erinnerungen und Liedern des Stammes, den in der Offenbarung zum Vorschein kommenden Ruf Gottes oder, um ein weiteres Beispiel anzuführen, die hierarchische Ordnung des Seienden im Universum« (QS 38). Und wenn Nietzsche den Tod Gottes verkündet, beschreibt er zugleich diese von uns selbst hergestellte Leere: »Wie vermochten wir das Meer auszutrinken? Wer gab uns den Schwamm, um den ganzen Horizont wegzuwischen?« (QS 39) Taylor zufolge entspricht dieser von Nietzsches tollem Menschen beschriebene Horizontverlust »einem Gefühl, das in unserer Kultur weit verbreitet ist« (QS 39). Die moralische Neutralisierung, die Kennzeichen der Neuzeit ist, lässt jegliche »spirituelle Kontur« verlaufen und führt zu »einer Art Schwindelgefühl oder gar einem Zerbrechen unserer Welt und des Leibraums« (QS 41 f.). Die Ängste und Nöte der heutigen Zeit, die laut Taylor tief im Denken der Neuzeit wurzeln, sind grundverschieden von denen früherer Kulturen. Wenn etwa inmitten des christlich beherrschten Abendlandes die Angst vor der Verdammnis das Denken und Handeln der Menschen prägte, so ist für unsere Kultur die Furcht vor der Sinnlosigkeit charakteristisch.

»Wie sehr man auch über den Ausdruck spotten mag, der Sinn des Lebens steht also auf unserer Tagesordnung, sei es in der Gestalt drohenden Sinnverlusts oder weil das sinnvolle Verstehen des Lebens das Ziel einer Suche ist. [...] [Wir Heutigen] befinden uns in einer existentiellen Bedrängnis, die grundverschieden ist von der, die in den meisten früheren Kulturen vorherrschend war und auch heute noch das Leben anderer Menschen bestimmt.« (QS 41)

In unserer Zeit ist diese Klage über Sinnverlust weithin Realität geworden. Selbst die psychopathologischen Störungen belegen dies: Während noch zu Zeiten Freuds in erster Linie Neurosen, hysterische Symptome und Phobien zu den verbreiteten seelischen Störungen zählten, beziehen sich die Klagen heute vornehmlich auf narzisstische Störungen, geht es um Gefühle von Leere, Fadheit, Sinn- und Zwecklosigkeit. Das Problem des desengagierten Subjekts und seiner moralischen Wurzellosigkeit hat deshalb nach Taylor längst den Elfenbeinturm einer bloß intellektuellen Diskussion verlassen; es handelt sich hierbei nicht nur um ein philosophisches Problem, sondern um ein Problem unserer gegenwärtigen Gesellschaft.

Oftmals wurden und werden solche Diagnosen über den Zustand der Moderne mit dem Habitus radikaler Kritik vorgetragen. Hinter den Vernunftkonstruktionen der Aufklärung verberge sich uneingestanden ein »Wille zur Macht«, so Nietzsche. Für Martin Heidegger entlarvt sich das ganze abendländische Denken als ein Irrweg, der in Seinsvergessenheit und kruden Technizismus münde. Der kommunitaristische Sozialphilosoph Alasdair MacIntyre wiederum sieht unsere Gesellschaften von einem radikalen »Verlust der Tugend« gezeichnet. Ihm zufolge leben wir in einer Welt, in der »die Sprache der Moral [...] verwahrlost ist«[21]; wir befinden uns in einem »so verhängnisvollen Zustand, daß es keine großen Mittel mehr dagegen gibt«[22]. Und mit seinen Warnungen vor Sinn- und Weltverlust gehört auch Charles Taylor zu den romantisch inspirierten Kritikern der Moderne.

Trotz zugestandener Sympathien hält Taylor allerdings die Attacken der Verächter der Moderne für verkürzte Beschreibungen des Gehalts neuzeitlichen Ideenguts. Zwar stimmt er keinesfalls den Verfechtern der Moderne zu, die den Eindruck erwecken, wir Modernen hätten im Gegensatz zu früheren Epochen ein höheres Plateau erklommen. Ebenso wenig aber kann er sich vorbehaltlos denjenigen anschließen, die ein Bild des Niedergangs, des Verlusts oder des mangelnden Erinnerungsvermögens zeichnen. Beide verkennen nämlich durchaus wichtige Merkmale unserer Lage. Taylor zufolge stellt die Moderne eine »einzigartige Verbindung von Größe und Gefahr« (QS 8) dar, die es in den Griff zu bekommen gilt.

Für Taylor ist die Moderne von einem fundamentalen Selbstmissverständnis gezeichnet. Ursache dafür ist eine Selbstverkennung, eine Blindheit gegenüber den eigenen Gehalten, die, wenn auch in unserer Zeit besonders auffällig, die Epoche der Moderne von Anbeginn geprägt hat. Sie ist sich über ihre eigene Identität nicht im Klaren, ja ihre eigenen Gehalte sind ihr zunehmend abhanden gekommen. Im Zentrum des Identitätskonflikts steht die Idee der Wertfreiheit, die – von den Verteidigern der Moderne begrüßt und von ihren Verächtern kritisiert – in Taylors Augen so etwas wie die »große Erzählung« (J.-F. Lyotard) der Moderne ist. Denn in der naturalistischen Idee einer objektiven, wertfreien Wissenschaft, die ebenso das Ideal des gesamten neuzeitlichen Denkens ist, missversteht die Moderne sich selbst. Ihre Wertfreiheit ist eine Illusion, hinter ihrer vermeintlichen Neutralität zeichnet sich immer schon, wenn auch uneingestanden, eine moralische Idee ab. Noch Descartes' »desengagierte Vernunft«, die einen voraussetzungslosen philosophischen Neubeginn garantieren sollte und zum Vorbild für die neuzeitliche Wissenschaft wurde, enthält eine starke normative Wertung: Ihr Ideal ist ein eigenverantwortliches, selbstständiges Denken, ein Denken also, dem durchaus eine ethische Kraft zukommt. Insofern lautet Taylors zentrale These über die neuzeitliche Identität, dass »die neuzeitlichen Moralquellen dieser Identität reicher fließen, als ihre Verächter zugeben, während die verkümmerte philosophische Sprache ihrer eifrigsten Verfechter bewirkt, daß diese Fülle der Gehalte unsichtbar bleibt« (QS 10).

Die Tragik der Moderne liegt dann gerade darin, dass dieses Wissen um die eigenen Werte mehr und mehr verblasst ist. Sie ist zunehmend einem allgemeinen Gedächtnisschwund verfallen, in dem das Wissen um ihre eigenen Quellen versiegt. Die ursprünglichen Bilder und Ideen, aus denen sich die Moderne konstituierte, werden nicht mehr adäquat verstanden. »Wir haben so viele Güter aus unserer offiziellen Geschichte hinausinterpretiert und ihre Kraft derart tief unter Schichten philosophischer Vernünftelei begraben, daß sie in Gefahr sind, zu ersticken. Da dies unsere Güter, unsere menschlichen Güter sind, sind eigentlich *wir* es, die da ersticken.« (QS 898) Doch weder eine Verurteilung in Bausch und Bogen noch unkritisches Lob ist die angemessene Reaktion auf diese Amnesie, sondern »ein tätiges Wiedergewinnen, durch das uns dieses Ideal helfen kann, unsere Praxis wiederherzustellen« (UM 32). Erst dann kann den Quellen, aus denen wir nach wie vor leben, erneut Kraft verliehen werden, »wieder Luft in die beinahe versagenden Lungen des Geistes« (QS 899) gepumpt werden.

»Was wir brauchen [...], ist ein Porträt dessen, was ich verkürzt ›die moderne Identität‹ nennen möchte. Damit meine ich das Gefüge von Selbstinterpretationen, die der modernen Kultur eingesenkt sind und die Art und Weise definieren, in der wir zunächst einmal gar nicht umhinkönnen, uns selbst zu verstehen und zu beurteilen und über unser Leben nachzudenken. Das sind die Wege, die wir – falls überhaupt – erst verlassen können, sobald wir ihren Stellenwert in unserem Leben ganz begriffen haben. Die einzige Möglichkeit, ein solches Porträt zu zeichnen, besteht darin, eine entstehungsgeschichtliche Darstellung zu geben, d.h. zu versuchen, der Konstituierung dieser Identität in unserer Geschichte nachzugehen [...]. Hier müssen wir unserem Instinkt folgen: Unser gegenwärtiger Zustand ist das Ergebnis von aufeinanderfolgenden Transformationen, indem jede Generation sich auf ihre Weise das Erbe der Vergangenheit angeeignet hat. Ein tieferes Verständnis der Interpretationen zu gewinnen, die unser Leben bestimmen, bedeutet zwangsläufig, eine historische Perspektive einzunehmen.« (HU 122)

In dem monumentalen Werk *Quellen des Selbst* schreibt Taylor die Geschichte der Neuzeit um. Mit seinem Projekt versucht er jene moralischen Quellen wieder zu beleben, von denen unser Handeln noch heute bestimmt ist. Erst wenn diese wieder in das Erbe der Neuzeit integriert worden sind, kann die Frage danach, was neuzeitliche Identität ausmacht, zufriedenstellend beantwortet werden. Was heißt es, »ein handelndes menschliches Wesen zu sein« (QS 7), ist die Kernfrage, die am Anfang von Taylors Opus magnum steht. Und das bedeutet, gegen den Reduktionismus der neuzeitlichen Philosophie die Grundzüge für ein neues Verständnis der Existenzform des Menschen zu entwickeln. Nicht das Ich, das sich in seiner Idealform als »ein klardenkender Berechner von Gewinnbeträgen« (QS 65) darstellt, vielmehr das »Selbst«, »ein Wesen mit Tiefe und Komplexität« (QS 64), entspricht Taylors Idee der menschlichen Person. Die Neuzeit hingegen sei mehr und mehr dem Irrtum aufgesessen, dass zur Angabe der eigenen Identität Name und Herkunft reichen. Dagegen könne man eine Person aber erst dann in ihrer ganzen Komplexität erfassen, wenn ebenso geklärt ist, was für den Betreffenden von ausschlaggebender Bedeutung ist. »Definiert wird meine Identität durch die Bindungen und Identifikationen, die den Rahmen oder Horizont abgeben, innerhalb dessen ich von Fall zu Fall zu bestimmen versuchen kann, was gut oder wertvoll ist oder was getan werden sollte bzw. was ich billige oder ablehne. Mit anderen Worten, dies ist der Horizont, vor dem ich Stellung zu beziehen vermag.« (QS 55) Der Verlust dieses Horizonts käme dem Verlassen eines Daseins gleich, »das nach unseren Begriffen noch das einer integralen, also unversehrten Person ist« (QS 54 f.). Denn was dann fehlte, wäre »ein Rahmen oder ein Horizont, vor dem die Dinge feste Bedeutungen annehmen und manche Lebensmöglichkeiten als gut oder sinnvoll, andere als schlecht oder trivial angesehen werden können« (QS 56). Deshalb gewinnt der Mensch seine Identität nicht in dem souveränen Akt des »Ich denke«, sondern diese Identität bildet sich erst im »gesellschaftlichen Raum, in der Geographie der sozialen Stellungen und Funktionen, in meinen engen Beziehungen zu den mir Nahestehenden und ganz entscheidend auch im Raum der moralischen und spirituellen Orientierung, in dem ich die für mich wichtigsten definierenden Beziehungen durch das Leben selbst herstelle« (QS 69). Im Gegensatz zu dem tief im neuzeitlichen Denken verankerten Menschenbild, dem zufolge der Mensch ein vor allem und zuerst autonomes Subjekt ist, das gegenüber den anderen Subjekten und der Welt eine objektivierende Haltung einnimmt, entwirft Taylor den Menschen als ein Selbst, das sich in »Geweben des sprachlichen Austauschs« (QS 71) bewegt, in einem Raum des Sozialen also, in dem dieses Selbst nur »unter anderen Selbsten« (QS 69) ist. Dieser sprachliche Raum eröffnet zugleich den normativen Rahmen, innerhalb dessen Antworten auf Fragen geliefert werden, die sich uns unausweichlich im Voraus stellen, ohne von unserer Antwort oder unserer Unfähigkeit zu antworten abzuhängen.

»Ein im Hinblick auf das Selbst oder die Person ausschlaggebendes Faktum [...] läuft also darauf hinaus, daß das Selbst etwas anderes ist als ein Gegenstand im üblichen Sinne des Wortes. Unsereiner ist nicht in derselben Weise ein Selbst, in der er ein Organismus ist, noch haben wir ein Selbst in der Weise, in der wir ein Herz und eine Leber haben. Lebewesen mit diesen Organen sind wir ganz unabhängig von unserem Selbstverständnis, unserer Selbstinterpretation oder der Bedeutung, welche die Dinge für uns haben. Ein Selbst sind wir aber nur insofern, als wir uns in einem bestimmten Raum voller Fragen bewegen, indes wir eine Orientierung auf das Gute suchen und finden.« (QS 67 f.)

So erlangen die Dinge erst Wichtigkeit vor einem Hintergrund, der sie verständlich macht: dem Horizont. Dieser Horizont markiert für Taylor so etwas wie die »moralische Ontologie«, innerhalb deren sich menschliche Identität überhaupt nur konstituieren kann. Er bildet sich aus den »Gütern«, die das Selbst in seiner jeweiligen Kultur bereits vorfindet, die seine Situation definieren und eine quasi objektive Bedeutung für es haben. Sie sind unhintergehbar im Hinblick auf alle Versuche, Gesellschaft – und damit natürlich auch die Menschen, die zu dieser Gesellschaft gehören – angemessen zu verstehen und zu beschreiben.

Während der Prozeduralismus dadurch gekennzeichnet ist, die Frage nach der objektiven Gültigkeit der in einer Gesellschaft maßgeblichen Güter auszuklammern, sind diese für Taylor gerade, wenn auch zu einer spezifischen Kultur gehörende, doch innerhalb dieser Kultur dann quasi substanzielle Merkmale in einer Welt, die eigentlich durch die neuzeitliche Erkenntnistheorie dazu verlockt ist, die essenzialistische Basis unserer moralischen Gefühle abzustreiten. Übrigens lässt Taylor, der überzeugte Katholik, keinen Zweifel daran, dass unsere neuzeitlich-säkularisierte Einstellung niemals eine solche moralische Kraft entfalten könne wie das unvergleichlich viel größere »Potential einer bestimmten theistischen Perspektive« (QS 894). Es ist die Perspektive, die »im jüdisch-christlichen Theismus enthalten ist (wie schrecklich auch die Taten seiner Anhänger in der Geschichte zu Buche geschlagen sind) sowie in seiner zentralen Verheißung einer göttlichen Bejahung des Menschlichen, die umgreifender ist, als sie von den Menschen ohne Hilfe erreicht werden kann« (QS 899). Insofern ist Taylors Idee einer moralischen Ontologie wohl durchaus auch von dem religiös inspirierten Wunsch einer Restituierung verbindlicher Werte geprägt.[23]

Angesichts der Tatsache, dass das Subjekt sich immer schon in einem vorgängigen moralischen Raum mithilfe einer moralischen Landkarte bewegt, auf der Wichtiges und Unwichtiges oder Gutes und Schlechtes verzeichnet sind, kann Taylor sagen, dass das Subjekt und das Gute unentwirrbar miteinander verflochten sind. Um also überhaupt zu einem angemessenen Verständnis seiner selbst – besser gesagt: seines Selbst – zu kommen, muss das Subjekt zugleich verstehen, welche Bilder des Guten es geprägt und wie sie sich entwickelt haben. Erst dann kann die vermeintliche Leere unserer auf Individualismus und Hedonismus reduzierten Zeit durch jene vergessene Fülle unseres geschichtlichen Erbes aufgehoben werden, um so zu unseren moralischen Wurzeln vorzudringen. Um zu einem adäquaten Verständnis unserer Gesellschaft zu gelangen, ist es erforderlich, dass »wir einen Schnitt durch die Zeit vornehmen, so wie man einen Schnitt durchs Gestein ausführt, um festzustellen, daß einige Schichten älter sind als andere« (QS 859). Nur indem eine historische Tiefenperspektive ausgeleuchtet wird, wird deutlich, was in unserem heutigen Leben stillschweigend, aber nichtsdestoweniger wirkungsvoll eine Rolle spielt. Dann kommt zur Sprache, was bislang unausgesprochen geblieben ist, nämlich dass auch jenen neuzeitlichen Philosophien moralische Einstellungen zugrunde liegen, »für die es als Ehrensache gilt, sich zu keiner derartigen Einstellung zu bekennen« (QS 198).

Dies gilt auch und insbesondere für den Anspruch der prozeduralen Ethiken, die ohne einen Begriff des Guten einzig auf Verfahren zu rekurrieren vorgeben, aufgrund deren eine Hierarchie der Werte, also eine qualitative Bewertung von Gütern erst zu erstellen sei. Sie bedürfen Taylor zufolge einer »Reformulierung in substantieller Form« (QS 118). Denn jene exzentrische Position, von der aus ein bestimmtes rationales Verfahren universal ausgezeichnet werden könnte, kann gar nicht erreicht werden, vielmehr ist jede Auszeichnung dieser Art selbst schon in eine Idee des richtigen Lebens eingebunden, die dem normativen Traditionszusammenhang unserer jeweiligen Kultur entspringt. Alle prozeduralen Ansätze argumentieren immer schon vor dem Hintergrund eines gewissen Horizonts des Guten, den zu erfassen sie allerdings unfähig sind.[24] Sie sind nicht universal, sondern hermeneutisch, Elemente eines Traditionszusammenhangs, der von den Gütern der Moderne zehrt. Weshalb sollte es sonst überhaupt geboten sein, bestimmten – vernünftigen – Verfahren Folge zu leisten, wenn darin nicht, so Taylor, ein bestimmtes Verständnis des menschlichen Lebens und der menschlichen Vernunft unterstellt wäre? Kant etwa »begreift den Menschen als Subjekt vernünftigen Handelns und betrachtet die damit verbundene Würde als weitaus höheren Wert als alles andere. Daraus wird ersichtlich, daß sich diese Theorieform der Logik der ›Natur‹, des ›Telos‹ und des ›Guten‹ nicht entziehen konnte, sondern sie lediglich verlagert hat.« (QS 160) So sieht Taylor die Theorien der Verfahrensethik von den stärksten moralischen Idealen motiviert, die allerdings zugleich verleugnet werden.

»Je mehr man die Motive dieser Theorien des pflichtgemäßen Handelns untersucht – also im Sinne Nietzsches ›Genealogie‹ treibt –, desto seltsamer wirken sie. Wie es scheint, werden sie durch die stärksten moralischen Motive motiviert, wie z.B. Freiheit, Altruismus und Universalismus. Diese Ideale gehören zu den zentralen moralischen Bestrebungen der neuzeitlichen Kultur; sie sind die Hypergüter, welche diese Kultur auszeichnen. Und dennoch – das, wozu die Vertreter solcher Theorien durch diese Ideale getrieben werden, ist eine Leugnung aller derartiger Güter. Sie verwickeln sich in einen merkwürdigen pragmatischen Selbstwiderspruch, durch den ebendie sie anspornenden Güter sie dazu drängen, alle derartigen Güter zu leugnen oder unbrauchbar zu machen. Die Vertreter dieser Theorien sind konstitutionell unfähig, die tieferen Quellen des eigenen Denkens offen einzugestehen. Ihr Denken ist zwangsläufig verkrampft.« (QS 170)

In den *Quellen des Selbst* hofft Taylor nun »etwas von der vorläufigen, zögernden und verschwommenen Natur der Bindungen zu zeigen, auf die wir Menschen der Neuzeit uns tatsächlich stützen« (QS 28). Hierzu holt er weit aus. Das gesamte kulturelle Erbe der Neuzeit, buchstäblich all ihre Quellen, will Taylor freilegen, um so dem Gedächtnisschwund der Moderne entgegenzuwirken. Auf fast neunhundert Seiten rekonstruiert er unser neuzeitliches Erbe, verfolgt dessen Anfänge bis hin zu Platon und Aristoteles, grenzt diese wiederum ab vom Menschenbild Homers, versucht divergierende Strömungen zu bündeln und nahezu alle neuzeitlichen kulturellen Leistungen bis hin zu den verschiedensten Kunstströmungen des 20. Jahrhunderts sowohl in ihrer Übereinstimmung als auch in ihrer Widersprüchlichkeit miteinander zu verbinden. Ein Unterfangen, das allerdings in seinem gigantischen Umfang nicht immer gelingt und manchmal in seiner Detailverliebtheit eher verwirrt als Klarheit schafft, sodass sich zeitweise der Eindruck aufdrängt, weniger (Detailreichtum) wäre mehr (Stringenz) gewesen. Doch schließlich präsentiert sich die Moderne entgegen ihrer eigenen Auffassung voller Güter, und indem Taylor diese der Vergessenheit entreißt, zeigt er auch, dass unser heutiges, vermeintlich individuelles und an keinerlei übergreifende moralische Ideen gebundenes Handeln sehr wohl durch den Wertekanon der Moderne motiviert ist und erst dadurch seinen Ort findet.

Die moralischen Quellen der Neuzeit

»Im inneren Menschen wohnt die Wahrheit«

Heute erscheint es uns nahezu selbstverständlich, zwischen dem Inneren unserer Vorstellungen, unserer Fähigkeiten, unserer Gedanken und Gefühle und dem Äußeren jener Gegenstände in der Welt, auf die sich unsere geistigen Zustände beziehen, zu unterscheiden. Dies gilt sowohl für die neuzeitliche Unterscheidung von Subjekt und Objekt mit allen erkenntnistheoretischen Implikationen als auch für die seelischen Stimmungen des Menschen, die es zu ergründen und zu fördern gilt, weil Menschen Wesen mit einer »inneren Tiefe« sind. Heftige Gefühle, Neigungen und Ängste warten in unserem Inneren auf ihren Ausdruck ebenso wie das Ungesagte, ja Unbewusste, das durch Praktiken der Selbsterfahrung ans Licht gehoben werden soll. Unser Denken ist innen, während die Welt außen ist.

»Unsere Gedanken, Vorstellungen oder Gefühle sind nach unserer Auffassung ›in‹ uns, während die Gegenstände in der Welt, auf die sich diese geistigen Zustände beziehen, ›draußen‹ sind. Außerdem meinen wir, unsere Fähigkeiten oder Möglichkeiten seien etwas ›Inneres‹, das auf die Entwicklung wartet, durch die dieses Potentielle in der öffentlichen Welt kundgetan oder verwirklicht wird. Das Unbewußte befindet sich nach unserer Vorstellung innen; und die Tiefen des Ungesagten, des Unsagbaren, der sich anbahnenden heftigen Gefühle, Neigungen und Ängste, mit denen wir um die Beherrschung des eigenen Lebens ringen, fassen wir ebenfalls als etwas Inneres auf. Wir sind Geschöpfe mit innerer Tiefe, mit einem Inneren, das zum Teil unerforscht und dunkel ist.« (QS 207)

Aber diese für unser neuzeitliches Selbstverständnis unhintergehbare Lokalisierung besitzt keine universelle Gültigkeit; sie ist nichts allgemein Menschliches, sondern ein Merkmal unserer

Welt, »der Welt der Menschen im neuzeitlichen Abendland«. Mitnichten besitzt sie solche Evidenz »wie die Feststellung, daß sich der Kopf über dem Rumpf befindet, sondern sie ist abhängig von einer historisch begrenzten Art der Selbstinterpretation, die im neuzeitlichen Abendland zur Vorherrschaft gekommen ist [...], die aber dennoch einen Anfang in Raum und Zeit hat und vielleicht auch ein Ende« (QS 207 f.).

Die Selbst- und Weltinterpretationen der Moderne, so Taylors zentrale These, können für sich keine übergeschichtlich-universelle Gültigkeit beanspruchen, sie sind vielmehr Ausdruck einer bestimmten kulturellen Ausformung. Und diese wiederum hängt von der moralischen Topographie ab, wie sie sich für die Moderne entwickelt hat, von den konstitutiven Gütern, die unser Denken wie unser Handeln – wenn auch oftmals unerkannt – prägen. »Was wir hier ständig aus den Augen verlieren, ist der Umstand, daß das Dasein als Selbst nicht zu trennen ist von der Existenz in einem Raum moralischer Probleme, wobei es um die Identität geht und darum, wie man sein sollte.« (QS 209)

Für die Antike etwa hätte ein solches »Dasein als Selbst«, das die Trennung eines Inneren und eines Äußeren impliziert, keinen Sinn gemacht, auch wenn Taylor zu zeigen versucht, wie unsere moralische Topographie aus jener »früher herrschenden Ortsbestimmung hervorgegangen ist« (QS 213). Dominierend für die antike Welt ist nämlich das platonische Denken, das die Quellen der Moral in einer Ordnung vorfindet, die mittels der Vernunft einzig erschaut, mitnichten aber konstituiert wird. Bei Platon liegen die moralischen Quellen nicht in uns; vielmehr hat unsere Seele teil an der Ordnung der Dinge im Kosmos. Diese umfassende Ordnung »verhält sich zur richtigen Ordnung der Seele wie das Ganze zum Teil, wie das Umgreifende zum Umgriffenen« (QS 226). Die Ordnung des Ganzen, die die Ordnung des Kosmos ist, offenbart dann zugleich das Gute, an dem die Seele teil hat. Die Quellen der Moral liegen damit für Platon in der Schau des Guten. »Das gute Leben heißt für uns, daß wir von der Vernunft regiert werden – Vernunft nicht nur im Sinne der Schau der richtigen Ordnung der Seele, sondern im Sinne der guten Ordnung des Ganzen.« (QS 227)

Hier genau liegt auch der Unterschied zu den neuzeitlichen Vorstellungen über die Quellen der Moral. Sie befinden sich nämlich für das antike Denken nicht in uns, im Sinne einer vernünftigen Subjektivität, die sozusagen die kompetente Instanz für moralische Urteile darstellt, sondern außerhalb, im Grundguten, das durch die vernünftige Ordnung der Seele vorgefunden wird. Die Vernunft »verfertigt« nicht die Ordnung der Welt, sie ist nach Platon die Fähigkeit, das Sein, die erhellte Wirklichkeit zu sehen, die unabhängig von der Vernunft bereits vorliegt. Die Dichotomie zwischen Innen und Außen ist dabei unbrauchbar, da in beidem dieselbe zeitlose, immaterielle Wahrheit enthalten ist.

»Die entscheidende Frage läuft nach Platon darauf hinaus, welche Richtung es ist, in die die Seele blickt. Darum will er seinen Standpunkt mit Hilfe der Gegensatzpaare ›körperlich/immateriell‹ und ›veränderlich/zeitlos‹ formulieren, denn durch diese Begriffe werden die möglichen Richtungen unseres Bewußtseins und unserer Begierde bestimmt. [...] Als etwas Immaterielles und Zeitloses sollte sich die Seele dem zuwenden, was seinerseits immateriell und zeitlos ist. Es kommt nicht auf das an, was in ihrem Inneren geschieht, sondern darauf, in welche Richtung der metaphysischen Landschaft sie blickt.« (QS 229)

Die Wendung nach innen nimmt ihren Ausgang erst bei dem zum Christentum bekehrten karthagischen Philosophen und Kirchenvater Augustinus. Dieser ist das Bindeglied zwischen dem Denken Platons und der späteren Welt des Descartes. Er macht zunächst einmal starke Anleihen bei Platon, auch wenn der

Platz der platonischen Idee des Guten nun durch den christlichen Gott eingenommen wird. Aber obwohl Augustinus den platonischen Gegensatz zwischen Geist und Materie, zwischen Ewigem und Vergänglichem beibehält, führt die Erkenntnis der Wahrheit nun durch das Innere der Seele. »In interiore homine habitat veritas« – »Im inneren Menschen wohnt die Wahrheit« (QS 238), formuliert Augustinus, für den das Licht Gottes ein inneres Licht ist, das in der Seele leuchtet. Erst indem ich den Weg vom Äußeren in mein Inneres antrete, indem ich mein Inneres reflektiere, mich auf mein Selbst beziehe, vermag ich zum Höheren zu gelangen. Gott »ist in der Privatheit meiner Selbstgegenwärtigkeit zu finden« (QS 251). Erstmals taucht hier – wenn auch die Quelle der Moral göttlichen Ursprungs ist – die Selbstreflexion als entscheidender Schritt zur Erkenntnis auf. Ein schicksalhafter Schritt, wie Taylor behauptet, »denn inzwischen haben wir zweifelsohne dafür gesorgt, daß sich der Standpunkt der ersten Person zu einer Sache von enormer Bedeutung ausgewachsen hat« (QS 243). Augustinus ist der Urheber jener Strömung abendländischer Spiritualität, die die Gewissheit Gottes im Inneren sucht; eine Idee, von der aus Descartes die augustinische Tradition, in der er stand, revolutionär umgestalten konnte. Und damit konnte, wie Taylor meint, der Irrtum der Neuzeit seinen Weg nehmen und das Ich sich zum Maß aller Dinge machen.

»Durch die neuzeitliche erkenntnistheoretische Überlieferung seit Descartes und alle ihre Ausläufer in der modernen Kultur ist dieser Standpunkt [der Standpunkt der ersten Person] etwas Fundamentales geworden – man könnte auch meinen, daß wir dadurch auf einen Irrweg geraten sind. Auf diese Weise ist sogar die Anschauung hervorgebracht worden, es gebe einen speziellen Bereich ›innerer‹ Gegenstände, die nur von diesem Standpunkt aus zugänglich seien. Ein weiteres Resultat ist die Vorstellung, der Ausgangspunkt des ›Ich denke‹ liege irgendwie außerhalb der Welt der Dinge, die wir erfahren.« (QS 243)

Desengagiertes Subjekt und punktförmiges Selbst

Descartes wird durchaus vom Strom der in der Spätrenaissance wieder belebten augustinischen Frömmigkeit getragen, doch lenkt er diese wiederum in eine Richtung, die Epoche machend wirkt. Mit Descartes wird der Rahmen für jenes desengagierte Subjekt abgesteckt, das den Ausgangspunkt für den neuzeitlichen Naturalismus bildet und an dem sich die Verfechter und die Kritiker der Moderne entzweien.

Mit Descartes werden die Quellen der Moral konsequent in unserem Innern angesiedelt. Moral hat keinen Bezug mehr zu außerhalb unseres Selbst gelegenen Quellen; weder sind sie in einer Weltordnung ansässig, die etwas Grundgutes verkörpert, noch ist unser Inneres von einem göttlichen Licht erleuchtet, das uns die Weltordnung erkennen lässt. Im Mittelpunkt der gewandelten Anschauung steht ein veränderter Vernunftbegriff. Während für Platon etwa der Logos in uns ebenso wie in der Realität wirksam ist, sodass dieser als kosmische Ordnung vorgefunden wird, ist das unerhört Neuartige bei Descartes, dass diese Ordnung mittels der Vernunft erst verfertigt wird. Wir erkennen die Realität dann, wenn wir eine richtige Vorstellung von den Dingen haben, wenn wir sie also richtig repräsentieren. Indem wir nach dem Kriterium der Evidenz vorgehen, also nur das als wahr gelten lassen, was klar und deutlich wahrgenommen wird, können wir die Wahrheit finden. »Die Ordnung der Repräsentation muß daher Maßstäben genügen, die sich von der Denktätigkeit des Erkennenden herschreiben.« (QS 265) Damit bedeutet Vernunft auch nicht wie bei Platon das Teilhaben der Seele an dem die kosmische Ordnung beherrschenden Guten.

Vielmehr müssen wir, weil Vernunft eine uns zu Gebote stehende Fähigkeit ist, Ordnungen zu konstruieren, die unseren rationalen Standards entsprechen, dieses Verfahren auch zur Gestaltung eines guten Lebens anwenden. Maßstab dafür kann nur sein, welche rationalen Urteile wir gefällt haben »›in bezug auf die Erkenntnis des Guten und Bösen‹, nach denen wir zu leben beschlossen haben« (QS 283). Und damit entwickelt Descartes einen Vernunftbegriff, der mittlerweile zur »modernen Standardanschauung« (QS 284) geworden ist. Denn die Aufgabe der Vernunft ist nicht mehr, eine Seinsordnung – also eine Ontologie – nachzuvollziehen, sondern sie ist prozedural, auf Verfahren bezogen, die bestimmend für die Wahrheitsfindung sowohl in den Wissenschaften wie auch im eigenen Leben werden. »Nach Descartes heißt Rationalität, daß man bestimmten Vorschriften entsprechend denkt. Ausschlaggebend für das Urteil sind jetzt Eigenschaften der Denktätigkeit, nicht mehr die inhaltlichen Überzeugungen, die daraus hervorgehen.« (QS 284)

Deshalb kann es für Descartes auch keine physische Realität geben, in der sich eine ewige, unveränderliche Ordnung offenbart. Vielmehr ist die materielle Welt bloße Ausdehnung und wir müssen sie – ebenso wie den eigenen Körper – zum Objekt machen. Das neuzeitliche Denken, wie es bei Descartes grundgelegt wird, entzaubert die Welt, neutralisiert den Kosmos und nimmt die Perspektive eines außenstehenden, unbeteiligten Beobachters ein, der die Dinge mechanistisch und funktional sieht. Um zu klaren und deutlichen Erkenntnissen zu kommen, muss man aus sich heraustreten und eine desengagierte Perspektive einnehmen. Da der Mensch unabhängig von der Gesellschaft, von seinen Mitmenschen, selbst von seinem eigenen Körper ist, kann er seine Umwelt zugleich objektivieren – und das bedeutet für Taylor: ihr jegliche normative Kraft nehmen. Und indem er sie objektiviert, vermag er sie zugleich zu kontrollieren. Das gilt auch für den Menschen selbst. Dadurch, dass er sich selbst aus allen normativen, welt-körperlichen Bezügen herauslöst, kann er die Objektivierung auch auf sich und seine Erfahrungen anwenden.

»Wir müssen uns nach innen wenden und zum Bewußtsein des eigenen Tuns und der uns bildenden Vorgänge gelangen. Wir müssen den Aufbau unserer Weltvorstellung selbst in die Hand nehmen, denn sonst geschieht das ohne Ordnung und folglich ohne Wissenschaft. Wir müssen die Vorgänge in den Griff bekommen, durch die Assoziationen unseren Charakter und unsere Einstellung formen und prägen. Das Desengagement fordert, daß wir aufhören, einfach im Körper bzw. in unseren Traditionen oder Gewohnheiten dahinzuleben, und daß wir sie, indem wir sie für uns zu Gegenständen machen, gründlicher Prüfung und Umgestaltung unterwerfen.« (QS 316)

Das desengagierte Subjekt der rationalen Kontrolle ist ein bedeutender Aspekt unseres heute unvermeidlichen Gefühls der Innerlichkeit, einer Wahrheit also, die in unserem Inneren begründet liegt. Insbesondere bei John Locke und den von ihm beeinflussten Denkern der Aufklärung wächst es zu seiner ausgebildeten Gestalt heran. Im lockeschen Empirismus erfüllt sich in enger Verbindung zu den Fortschritten der modernen, experimentellen Naturwissenschaft die antiteleologische Haltung der Neuzeit. Sie bezieht Stellung gegen jede Anschauung, der zufolge die menschliche Erkenntnis quasi von Natur aus zur Wahrheit neigt, sei es, indem sie dazu in der Lage ist, die Vernunftordnung der Dinge als solche zu erkennen, oder indem ihr – wie noch bei Descartes – angeborene Ideen innewohnen, die uns der Wahrheit nahe bringen. Das Vernunftmodell Lockes schließt jegliche Autorität und jegliche angeborenen Prinzipien radikal aus. Der Verstand gleicht vielmehr einem leeren, unbeschriebenen Blatt, ihm eignet einzig eine gewisse Disposition zur Wahrnehmung der Körper, denen er primäre und sekundäre

Qualitäten zuschreibt. Größe, Gestalt, Zahl, Lage, Bewegung oder Ruhe etwa sind untrennbar von den Dingen selbst, wie wir sie wirklich wahrnehmen; Farbe und Geschmack wiederum entstehen durch Kombinationen im Bewusstsein, bleiben aber dennoch an Erfahrungen gebunden. Durch Abstraktion und Vergleiche gelangen wir dann zu Kategorien, die kein Erfahrungsäquivalent mehr besitzen. In diesem Modell bleibt der Verstand hinsichtlich seiner einfachen Ideen vollständig passiv – mit Taylors Worten also »desengagiert«. Denn nach Locke hängt es »nicht von seinen Kräften ab, ob er zu diesen Anfängen oder Materialien der Erkenntnis [...] gelangt oder nicht« (QS 300). In diesem Erkenntnismodell verflüchtigt sich das Subjekt zu einem bloßen ausdehnungslosen Vermögen des Bewusstseins zur Objektivierung der Welt. Das Selbst ist Locke zufolge nicht länger mit einer materiellen oder auch immateriellen Substanz gleichzusetzen, es ist ausdehnungsloses Bewusstsein, oder wie Taylor es nennt: »punktförmiges Selbst« (QS 288-318).

»Das Subjekt, das in der Lage ist, sich selbst gegenüber eine [...] radikale und auf Umgestaltung abzielende Haltung des Desengagements einzunehmen, ist das, was ich hier das ›punktförmige‹ Selbst nennen möchte. Diese Haltung einzunehmen heißt: sich mit dem Vermögen der Objektivierung und Umgestaltung zu identifizieren und dadurch von allen Einzelmerkmalen abzurücken, die Gegenstände möglicher Veränderung sind. Was wir wesentlich sind, ist nicht von dieser letzteren Art, sondern wesentlich sind wir das, was sich imstande sieht, diese Merkmale festzusetzen und zu bearbeiten. Dies ist es, was durch das Bild des ›Punkts‹ im geometrischen Sinne des Ausdrucks angedeutet werden soll: Das eigentliche Selbst ist ›ausdehnungslos‹; es ist nirgends außer in diesem Vermögen, Dinge als Objekte zu fixieren.« (QS 309)

Der Grundgedanke des desengagierten Subjekts, das sowohl der Welt als auch sich selbst gegenüber eine objektivierende Haltung einzunehmen vermag, indem es sich zu einem punktförmigen Selbst neutralisiert, ist eine der bedeutendsten Entwicklungen der Neuzeit. Ihr entspricht eine Vielzahl von wissenschaftlichen, ökonomischen, politischen und technischen Praktiken, die sich mittels der theoretischen Grundlagen »auf ihrem Marsch durch die Kultur von heute alles haben unterwerfen können« (QS 314). Zu deren Ergebnissen gehört auch ein neuer politischer Atomismus, wie er sich in den von Grotius, Pufendorf oder Locke entwickelten Theorien des Gesellschaftsvertrags durchsetzte. Während es in früheren Versionen dieser Theorie selbstverständlich erschien, dass eine nicht weiter befragbare Gemeinschaft ihre Regierung qua Vertrag einsetzt, so stellt sich jetzt die Frage nach der Legitimität dieser Gemeinschaft selbst. Das Individuum ist ebenso wenig wie einer kosmischen Ordnung einer vorgängigen politischen Gesellschaft verpflichtet. Es ist souverän und von Natur aus keiner Autorität unterworfen.

»Früher hatte sich jeder Hinweis darauf, daß die Menschen einer Gemeinschaft angehören, erübrigt. Diese Sachlage hatte keiner Rechtfertigung durch Bezugnahme auf eine ursprünglichere Situation bedurft. Aber jetzt geht die Theorie vom einsamen Individuum aus. Die Zugehörigkeit zu einer Gemeinschaft mit gemeinsamer Entscheidungsgewalt ist nunmehr etwas, was durch die Zustimmung jedes einzelnen erklärt werden muß. [...] In politischer Hinsicht sind die Menschen zu Anfang Atome.« (QS 344)

So ist die neuzeitliche Weltdeutung nicht zu trennen von der Loslösung des Subjekts von seiner Umwelt, sei diese als Natur (inklusive der eigenen Natur), als Gesellschaft oder als Mitmensch verstanden. Entsprechend werden dann Natur und auch soziale Lebenswelt als unabhängig, neutral und vor allem als technisch beherrschbar angesehen. Ein solches Weltverständnis stützt sich auf die drei Säulen der desengagierten Vernunft, des punktförmigen Selbst sowie einer atomistisch-instrumentalistischen Gesellschaftsauffassung:

»The first is the picture of the subject as ideally disengaged, that is, as free and rational to the extent that he has fully distinguished himself from the natural and social worlds so that his identity is no longer to be defined in terms of what lies outside him in these worlds. The second, which flows from this, is a punctual view of the self, ideally ready as free and rational to treat these worlds – and even some of the features of his own character – instrumentally, as subject to change and reorganizing in order the better to secure the welfare of himself and others. The third is the social consequence of the first two: an atomist construal of society as constituted by [...] individual purposes. The first notion emerges originally in classical dualism, where the subject withdraws even from his own body, which he is able to look on as an object; but it continues beyond the demise of dualism in the contemporary demand for a neutral, objectifying science of human life and action. The second originates in the ideals of the government and reform of the self that have such an important place in the seventeenth century and of which Locke develops an influential version; it continues today in the tremendous force that instrumental reason and engineering models have in our social policy, medicine, psychiatry, politics, and so on. The third notion takes shape in social-contract theories of the seventeenth century, but continues not only in their contemporary successors but also in many of the assumptions of contemporary liberalism and mainstream social science.« (OE 7 f.)

Hinter dem Paradigma einer desengagierten Vernunft verbirgt sich aber eine Neuordnung des Guten – starke Wertungen, die festlegen, worin ein gelingendes Leben besteht. Solche Wertungen erscheinen uns heute selbstverständlich; ihren Ursprung haben sie im allmählichen Prozess einer Verlegung aller Quellen des Wissens und der Moral nach innen und der damit zusammenhängenden Herausbildung der neuzeitlichen Identität. Das von vorgängigen normativen, gesellschaftlichen oder religiösen Zwängen befreite Subjekt kann ein Empfinden für die eigene Würde – als menschliches Wesen – entwickeln; weiter gehende Forderungen eines Rechts jedes Menschen auf Unversehrtheit, überhaupt die Auffassung von Individuen als Trägern von Rechten nehmen hier ihren Ausgang. Und es war vor allem Kant, der besonders konzise die neuzeitliche Haltung nachvollzieht, der zufolge das Moralgesetz nicht einer äußeren Ordnung, sondern aus dem Inneren des Menschen entspringt, nämlich aus dessen Vermögen zu vernünftigem Denken. Denn die Freiheit des Menschen besteht im Befolgen des von ihm als vernünftig erkannten Gesetzes. Seine Sittlichkeit ist direkt mit seiner Vernünftigkeit verknüpft und dies wiederum bestimmt seine Freiheit. Zugleich liegt darin die Würde des Menschen (die schon Descartes mit dessen vernünftiger Selbstbestimmung in Verbindung gebracht hatte). Und deshalb ist der Mensch zugleich Selbstzweck, während alles andere im Universum als bloßes Mittel zu Zwecken behandelt werden kann und einen bloß instrumentellen Wert hat. Der Mensch existiert für Kant »als Zweck an sich selbst, nicht bloß als Mittel zum beliebigen Gebrauch für diesen oder jenen Willen, sondern muß in allen seinen sowohl auf sich selbst als auch auf andere vernünftige Wesen gerichteten Handlungen jederzeit zugleich als Zweck betrachtet werden« (QS 635).

Hinter der Idee einer Verankerung des Wissens im Subjekt scheint das Ideal der Selbstverantwortlichkeit samt den sie begleitenden Vorstellungen von Freiheit und Vernunft auf.

Alle maßgeblichen am Naturalismus orientierten Theorien und Positionen, Utilitarismus, Behaviorismus und Szientismus, politischer Atomismus oder Liberalismus, orientieren sich an Werten wie Freiheit, Selbstbestimmung und Vernunft, wie Taylor in dezidierten Analysen zu zeigen versucht. Die Moderne ist beherrscht von diesen Werten; diese liegen so vielen Verfahren und Praktiken unseres Lebens zugrunde, dass wir heutzutage gar nicht umhinkönnen, solchen Gütern zu folgen und sie, statt für einen Ausdruck unserer Kultur, für universal zu halten.

Dennoch aber bleiben diese Güter für viele sich bloß an Verfahren orientierende neuzeitliche Denkmodelle weitestgehend unartikuliert. Zentrale Gebote wie dasjenige, anderen kein Leid zuzufügen, oder die Anerkennung der Menschenwürde werden in ihrem konstitutiven Charakter verleugnet. Denn es liegt ja im Wesen des Naturalismus, keine vorgängigen moralischen Güter anzuerkennen, würde diese Anerkennung doch zu einer Preisgabe der desengagierten und neutralen Haltung gegenüber der Umwelt führen. Autonomie etwa, Unabhängigkeit vom Urteil fremder Autoritäten, gilt dem naturalistischen Paradigma als bloßes Verfahren auf dem Weg zur Wahrheitsfindung; dass damit ebendiese Autonomie zugleich bereits als Wert, als moralisches Gut, unterstellt wird, muss ungesagt bleiben, da andernfalls die Neutralität des Verfahrens preisgegeben würde. Das, was das Verfahren also antreibt, muss in einer paradoxen Weise im Dunkeln bleiben, damit gewährleistet ist, dass nicht etwas Substanzielles, sondern eine Form des vernünftigen Denkens zugrunde liegt, durch die seine Objekte zugleich beherrschbar bleiben.

»Das Desengagement bewirkt eine Objektivierung von Selbst und Welt, wodurch diese als der Kontrolle offenstehende neutrale Bereiche hingestellt werden. Doch je mehr sie in diesem Licht erscheinen, desto mehr verdrängen wir die konstitutiven Güter, die für unsere Moralquellen sorgen. Dieser Vorgang der Verdrängung wird im folgenden Jahrhundert von den Denkern der naturalistischen Aufklärung noch sehr viel weiter getrieben. Die moralische Sichtweise, die die Bewegung in Gang bringt, wird im eigentlichen Korpus der Lehre schließlich kaum noch zum Ausdruck gebracht. Sie bleibt stillschweigend in den rhetorischen Appell und in die Polemik eingebettet.« (QS 433, Anm. 30)

Eine solche Radikalisierung der Verdrängung in der radikalen Aufklärung des 18. Jahrhunderts veranschaulicht Taylor etwa am Beispiel des Utilitarismus des Engländers Jeremy Bentham, der als der Vater aller am Nützlichkeitsdenken orientierten Ethiken gilt. Der moralische Wert einer Handlung, so wollte es

Bentham, sollte nicht länger in dieser Handlung selbst liegen, vielmehr sollte sie allein an ihrem Nutzen gemessen werden. Nützlich aber sei sie dann, wenn sie Leiden vermeide und Freude befördere. Das Kriterium für rechtes Handeln werde deshalb durch keinen Gott und keine moralische Norm vorgegeben, sondern allein durch das menschliche Glück. Die größte mögliche Summe Glück für alle, die Bentham gänzlich desengagiert berechnen zu können glaubte, wäre somit das Motto der utilitaristischen Ethik; ein Unterfangen freilich, das Kant bereits mit dem Hinweis darauf kritisierte, dass eine solche Ethik vor den Forderungen unserer niederen Natur kapituliere, während für moralische Selbstbestimmung kein Ort bestehe.[25] Und Taylor verweist darauf, dass Benthams Versuch, eine Ethik ganz ohne »starke Wertungen« aufzubauen und allein Lust gleich welcher Art als Gut gelten zu lassen, in sich widersprüchlich wird. Wenn der Utilitarismus davon ausgeht, dass wir alle, so Jeremy Bentham, allein unter der unumschränkten Herrschaft von Lust und Schmerz stehen, ist damit gesagt, dass wir alle vom Egoismus getrieben sind, im Sinne der eigenen Lust zu handeln und Schmerzen von uns fern zu halten. Doch Bentham hat ja neben dem Egoismus auch das Wohl des Ganzen im Blick.

»In der moralischen Theorie [...] sind Schmerz und Lust nicht im Hinblick auf unser eigenes Ergehen, sondern insofern sie alle überhaupt betreffen, Kriterien des richtigen Handelns. Wir sollen das größte Glück der größten Zahl anstreben. Freilich können wir dazu *abgerichtet* werden, unser Glück im allgemeinen Wohlergehen zu finden. So will Bentham dafür sorgen, daß sich in der Gesellschaft eine ›Kultur des Wohlwollens‹ ausbreitet, in der das generell der Fall ist. Es kann sich auch so ergeben, daß eine grundlegende ›Harmonie der Interessen‹ besteht. [...] Es ist auch zweifellos richtig, daß in diesen Fällen der Gesellschaft als ganzer gedient wäre. Aber die Frage ›Warum soll ich danach streben‹ ist damit nicht beantwortet.« (QS 591)

Der moralische Impetus des sich auf die desengagierte Vernunft beziehenden Aufklärungsutilitarismus bleibt, wie für alle neuzeitlichen Standpunkte, die sich von der radikalen Aufklärung her verstehen, unerklärt, weil er gewissermaßen seine moralischen Motivationen vor sich selbst verhüllt. Die moralische Sichtweise, die die Bewegung in Gang bringt, wird in Benthams Glücksberechnungen nicht mehr zum Ausdruck gebracht. Das Problem wird verdrängt und mithilfe verschiedener vager Theorien der Harmonie und des Mitgefühls verwischt. Die den Theorien zugrunde liegenden starken Wertungen bleiben stillschweigend in den rhetorischen Appell und die Polemik eingebettet. Der Naturalismus befindet sich also in der Paradoxie, dass er unausgesprochen voraussetzt, was er im Kern seiner Theorie bestreitet, nämlich einen hermeneutischen Horizont der Werthaftigkeit, der sein gesamtes Denken und alle seine Praktiken begleitet. Er verdrängt sozusagen seine moralischen Grundlagen, sodass diese in der Folge zu verschwinden drohen – darin besteht Taylor zufolge der »Fluch unserer modernen naturalistischen Kultur« (QS 204), die damit langfristig ihre eigenen Fundamente untergräbt.

Gewöhnliches Leben und Naturbejahung

Neben die Idee des desengagierten Subjekts mitsamt der ins eigene Innere gewendeten Selbstreflexion tritt ein weiteres Moment, das die neuzeitliche Identität entscheidend prägt. Dabei geht es um die Entwicklung »unserer neuzeitlichen Vorstellung von der Natur und ihre Wurzeln in der [...] Bejahung des gewöhnlichen Lebens« (QS 373). Mit dem »gewöhnlichen Leben« bezeichnet Taylor jene »Aspekte des menschlichen Lebens [...], die mit Produktion und Reproduktion zu tun haben, also mit der Arbeit, der Verfertigung lebensnotwendiger Dinge und unserem Leben als Geschlechtswesen, einschließlich Ehe und Familie« (QS 374). So geläufig uns Heutigen diese Wertschätzung des Alltäglichen auch ist, so ist auch diese ein neuzeitliches Gut, tief eingebettet in die moralische Topographie, wie sie sich ab einer bestimmten Zeit für das Abendland entwickelt hat.

Mit dieser Bejahung des gewöhnlichen Lebens unterscheidet sich die Neuzeit eminent von der antiken Auffassung, wie sie insbesondere von Aristoteles formuliert wurde. Aristoteles zufolge besteht das gute Leben vornehmlich in der Sorge um die Polis und ist ohne das aktive Mitwirken des Staatsbürgers an seinem Gemeinwesen nicht vorstellbar. Erst die Beschäftigung mit höheren Tätigkeiten adelt den Menschen, während die ausschließliche Sorge um den Erhalt des Lebens Sklaven und Tieren zukommt. Solchen Ideen verwandt sind auch die Vorstellungen aristokratischer Ehrenethiken, in denen es um die Ehre des Kriegers oder den Ruhm des Herrschers ging. Dagegen wurde z.B. der Handel in manchen Gesellschaften so gering geschätzt, dass die Beschäftigung damit den Verlust des Adelsranges nach sich zog.

Mit den gesellschaftlichen und wissenschaftlichen Umbrüchen der frühen Neuzeit verschwindet jedoch die Idee, das gute Leben wäre in höheren Tätigkeiten zu suchen. Ist eine Tätigkeit nicht lebensdienlich, ist sie nichts als Anmaßung und Eitelkeit, die keine Früchte für die Menschen trägt. Vielmehr ist es nun das Leben selbst, das einen Wert darstellt: Arbeit und Produktion, Ehe und Familienleben erscheinen jetzt als die zentralen Güter eines jeden Lebens. »Der niedere Handwerker und der kunstfertige Praktiker haben [...] mehr zum Fortschritt der Wissenschaft beigetragen als der Philosoph mit all seiner Muße.« (QS 378)

Exemplarisch für diesen Wertewandel im Bereich der Wissenschaften zitiert Taylor aus dem *Novum Organon* des englischen Staatsmanns und Philosophen Francis Bacon, der der Herrschaft des naturwissenschaftlichen Denkens Bahn brach, indem er dazu aufforderte, dass der Mensch sich seiner Vorurteile und falschen Vorstellungen entledige. Das antike Ideal eines Erfassens der kosmischen Ordnung durch reflektierte Betrachtung sei verfehlt, da es nämlich zunächst einmal darum gehe zu verstehen, wie die Dinge funktionieren, statt sie in eine spekulative Gesamtordnung einzufügen. Bei Bacon heißt es: »Nun läßt sich aus allen diesen Systemen der Griechen und ihren Verzweigungen auf den Gebieten der Einzelwissenschaften auch nach Verstreichen so vieler Jahre kaum ein einziges Experiment anführen, das dazu geeignet wäre, die Lage des Menschen zu erleichtern und zu verbessern, und das sich dabei wirklich auf die Spekulationen und Theorien der Philosophie zurückführen ließe.« (Zit. nach: QS 378)

Die Ursprünge der Bejahung des gewöhnlichen Lebens liegen für Taylor tief in der jüdisch-christlichen Spiritualität begründet. Gott als Schöpfer bejaht selbst das Leben und das Sein, so wie es zu Beginn der Genesis bereits heißt: »Und Gott sah, dass es gut war.« Dieses grundlegende Thema unseres christlichen Kulturkreises wird insbesondere in der Reformation aufgegriffen. Indem die Reformatoren sämtliche zwischen Mensch und Gott vermittelnden Instanzen ablehnen – sei es die Kirche mit ihren Priestern und Ordensleuten, seien es die von den Gläubigen anzurufenden und bei Gott fürsprechenden Heiligen –, erhält das normale Leben einen höheren Rang. Nach der Lehre der Reformation steht jeder Mensch in einem unmittelbaren Verhältnis zu Gott, und der individuellen Gottesbindung jedes Einzelnen kommt höchste Bedeutung zu. Zugleich kann mit der Zurückweisung der Idee, bestimmten Tätigkeiten oder Lebensweisen käme ein höherer Wert zu als anderen, die Idee der Gleichheit aller Menschen sowie die daraus folgende Vorstellung, dass man allen mit gleichem Wohlwollen zu begegnen habe, entstehen. Das Leben eines jeden wird zum zentralen Ort der Erfüllung von Gottes Absicht, sodass das Laienleben selbst geheiligt wird: Beruf, Ehe und Familie sind die eigentlichen – gottgefälligen – Inhalte des Lebens, dessen eigentlichstes Ziel buchstäblich der Gottesdienst ist.

Dieser Gedanke wird vor allem in den puritanischen Vorstellungen deutlich, die dazu auffordern, von der Welt Gebrauch zu machen, freilich mit abgeklärten Affekten. Arbeit nimmt dabei einen zentralen Stellenwert ein, insofern sie Gott dient, indem sie den Menschen dient, weshalb Max Weber auch im Protestantismus den geistigen Nährboden des Kapitalismus sah. Die Berufung, im Katholizismus immer in Verbindung gebracht mit Priestertum oder Mönchsleben, wird im Puritanismus zum Beruf. Dementsprechend wird der Mensch von Gott zu seiner jeweiligen Art von Arbeit berufen, und sei es auch die niedrigste. Der wirkliche Christ nutzt also alle Gelegenheiten, um etwas zu leisten, was hilfreich für die Menschen und zugleich Gottesdienst ist, doch trotz dieses Eifers bleibt er unempfänglich für die Welt und verschließt ihr gegenüber sein Herz.

Eng mit dem puritanischen Geist verbunden ist die Entwicklung der modernen Wissenschaften. Denn der Wechsel in der wissenschaftlichen Zielsetzung von der bloßen Betrachtung zur produktiven Leistungsfähigkeit basiert auf der Idee, dass die Menschen in der Schöpfung Gottes die Aufgabe seines Sachwalters übernehmen. Sie leisten die Arbeit Gottes, indem sie die Hervorbringungen der Schöpfung zu Gottes Ehre nachzuvollziehen und zugleich zu vollenden versuchen. Insofern hat die neuzeitliche instrumentelle Haltung zur Welt auch den Zweck, Gott in der Schöpfung zu dienen. Durch ihre Effizienz vermag sie die Ordnung Gottes zu erhalten und ebenso hält sie die Welt gewissermaßen auf Distanz: Wenn wir uns an den Dingen abarbeiten, werden wir nicht zu sehr von ihnen beansprucht – wir behandeln sie als Werkzeuge und nicht als Selbstzweck.

Die Aufwertung des gewöhnlichen Lebens bildet ein Kernstück innerhalb der moralischen Topographie der Neuzeit. Sie prägt das Leben und Selbstverständnis der Moderne in einer fundamentalen Weise. In der Wertschätzung des einzelnen Lebens in seiner jeweiligen Ausgestaltung liegt eine entschieden egalisierende Tendenz. Die Aufwertung des gewöhnlichen Lebens hat sich als maßgeblich für den Aufbau der modernen liberalen Gesellschaften mit ihren Idealen von Gleichberechtigung, ihrer Arbeitsethik oder ihrer Hochschätzung von Ehe und Familie erwiesen. Die Bejahung des gewöhnlichen Lebens beeinflusste nicht nur die bürgerliche Ausgestaltung der modernen Gesellschaft, auch der Marxismus etwa sah im Menschen den Produzenten, der in der Arbeit seine höchste Würde erfährt.

»Diese Idealvorstellung [des Alltagslebens als des guten Lebens] hatte – auch in einem sozialen und politischen Sinn – bedeutende revolutionäre Implikationen, die an der puritanischen Revolte und der Kultur der späteren puritanischen Gesellschaft ablesbar sind. In säkularisierter Form ist sie neben anderen eine der grundlegenden Ideen der Baconschen Revolution; und später wird sie zur idée force der Aufklärung. Produktion und Reproduktion rücken zunehmend in den Mittelpunkt des Interesses. Das gute Leben realisiert sich nicht in vermeintlich höherwertigen Tätigkeiten oder Handlungsweisen, sondern stellt sich eher im rational geführten Alltagsleben [...] her, also unter den Imperativen rationaler Kontrolle. Daraus gingen eine Reihe von radikalen, revolutionären Neuerungen hervor, von denen die Marxsche Theorie die vielleicht berühmteste und einflußreichste ist. Ferner trug diese Idealvorstellung auch zum Zustandekommen jener kulturellen Revolution bei, in deren Verlauf das Ethos der Ehre und des Ruhms von der bürgerlichen Ethik ökonomischer Rationalität entthront wurde.« (MV 125)

So geraten im 17. und 18. Jahrhundert die gesamten kulturellen Formationen in einen Umbruch. Es ist, kurz gesagt, die Kultur des Bürgertums, die sich in jener Zeit durchzusetzen beginnt.

Denn erst in dem Maße, in dem das alltägliche Leben eine gesteigerte Wertschätzung erfährt, können die Tätigkeiten des gewöhnlichen Lebens stärker akzentuiert werden. So entwickelt sich im 18. Jahrhundert eine vorher unbekannte Hochschätzung von Handelstätigkeit und Gelderwerb; es kommt durch Adam Smith und die Physiokraten zur Geburt der politischen Ökonomie. Der moderne Roman, der zur selben Zeit entsteht, bricht mit den Topoi und archetypischen Geschichten der älteren Literatur, in denen sich Allgemeines und Universelles spiegeln sollte. Stattdessen werden die ganz besonderen Geschichten ganz besonderer Personen dargestellt, denen sowohl Eigenarten als auch Eigennamen zugewiesen werden. Das individuelle Leben wird zum Gegenstand des öffentlichen Interesses. Exemplarisch und wohl am folgenreichsten bis in unsere heutige Zeit wird das am Beispiel der sich wandelnden Vorstellung von Ehe und Familie deutlich. Gegen Ende des 17. Jahrhunderts kristallisiert sich die Idee einer auf Zuneigung basierenden Ehe sowie einer hingebungsvollen Sorge um die Kinder heraus. Entsprechend muss eine Ehe auf freiwilliger Basis eingegangen werden und nicht, wie vormals üblich, von Familien gestiftet werden. Die Ehe wird zunehmend zu einer privaten Angelegenheit; die gesamtgesellschaftliche Kontrolle, die über ihr gelegen hat, wird gelockert. Infolgedessen wird auch der Privatsphäre für Ehe und Familie mehr Aufmerksamkeit entgegengebracht. Während vor dem 17. Jahrhundert kaum privater Raum in einem Haus vorgesehen war – Eltern und Kinder hatten keine separaten Wohnbereiche, die reichen Familien befanden sich unter den Augen der Diener –, werden nun von der Dienerschaft abgetrennte Esszimmer oder gesonderte Schlafzimmer für Eheleute eingerichtet. Damit spielen auch die Empfindungen, die die Eheleute füreinander oder für ihre Kinder hegen, eine immer wichtigere Rolle. Galten sie früher für banal, werden sie nun zu maßgeblichen Bestandteilen dessen, was das Leben lebenswert macht und ihm Sinn verleiht. Liebe und Familie werden zu dem, was sie noch heute für die meisten bedeuten: zentrale Kriterien für ein erfülltes menschliches Leben.

»Offenbar ereignet sich in der zweiten Hälfte des achtzehnten Jahrhunderts in der Ober- und Mittelschicht der englischsprachigen und der französischen Gesellschaft folgendes: Es kommt zu einer intensiveren Ausprägung der durch gegenseitige Zuneigung ihrer Angehörigen gekennzeichneten Familie, und diese Familie wird dann bewußt als enge Gemeinschaft der Liebe und Sorge aufgefaßt, während die Beziehungen zu entfernteren Verwandten und Außenstehenden im Gegensatz dazu entsprechend formeller oder distanzierter gesehen werden. Die Familie ist damit auf dem Weg, sich als jene ›Zuflucht in einer herzlosen Welt‹ zu entpuppen, zu der sie in den letzten beiden Jahrhunderten für so viele Menschen geworden ist. Diese letztere Entwicklung setzt freilich schon die Industrialisierung voraus, die Zerrüttung früherer Primärgemeinschaften, die Trennung von Arbeit und Leben daheim und das Heranwachsen einer kapitalistischen, mobilen, in großen Maßstäben denkenden und bürokratischen Welt, die das Attribut ›herzlos‹ weitgehend verdient. Die Muster des Familienempfindens und der Selbstabkapselung wurden aber schon festgesetzt, ehe die Industrialisierung die Masse der Bevölkerung in ihrem Sog mit fortriß, und das vollzog sich in sozialen Schichten, die keinen brutalen Verschiebungen ausgesetzt waren.« (QS 518)

Gegenstimmen: Rousseau als Wegbereiter der romantischen Naturvorstellungen

So sehr jener von Taylor so bezeichnete »Aufklärungsnaturalismus« und die damit zusammenhängende instrumentelle Rationalität unsere heutige Wissenschaft und Gesellschaft prägen, haben sich doch immer schon auch Gegenstimmen erhoben, die darin eine reduktionistische Weltsicht kritisieren. Seit dem 18. Jahrhundert sind solche Stimmen, die die Expansion von naturwissenschaftlich-technischem Denken begleiten, nicht mehr zu überhören und sie sind bis zur Gegenwart nicht verstummt: Man denke etwa an die ökologische Bewegung oder die utilitarismus- und technikfeindliche Linke heutzutage. Es sind Stimmen, die die Natur nicht mit den Mitteln der desengagierten Vernunft zu analysieren versuchen, sondern dieser selbst Gehör verschaffen wollen, sowohl wie sie sich als äußere Natur gestaltet, aber auch wie sie in unserem eigenen Inneren, in unseren Empfindungen und Neigungen spricht.

Bereits am Beginn des neuzeitlichen Weges nach innen, in die Subjektivität des Subjekts, stehen allerdings Strömungen, denen es nicht um das Vermögen des Selbst zu allgemein gültiger Erkenntnis geht, die stattdessen vielmehr genau das Besondere des einzelnen Selbst in den Blick nehmen. Mit der Wendung in die Innerlichkeit des Selbst versucht dieses sich zur Festigung seiner eigenen Identität selbst zu erkunden und seine inneren Tiefen zu durchmessen. Fordert der Cartesianismus das radikale Desengagement von der gewöhnlichen Erfahrung, so verlangt dagegen etwa der Moralphilosoph Montaigne, dass man sich tief auf die eigene Besonderheit einlässt. Neben der desengagierten Selbstbeherrschung im Namen des Allgemeinen gehöre ebenso Selbsterkundung im Namen der jeweiligen Individualität zum grundlegenden Programm der Moderne. Taylor zitiert Montaigne: »Die Welt sieht stäts gerade vor sich. Ich, meines Theils, wende mein Gesicht zurück, auf mein Innerstes. Ich richte dasselbe auf mich, und beschäftige es mit mir selbst. Ich habe mit nichts, als mit mir, zu thun. Ich betrachte mich ohne Unterlaß, ich prüfe mich, ich versuche mich.« (QS 326) Und darüber hinaus gilt es, in einer ebenso individualisierten Form, das eigene Leben, die eigene Lebensweise von ganzem Willen zu bejahen. Dies hat zum Teil durchaus religiöse Motive. So wird der Puritaner dazu aufgefordert, sein inneres Leben unentwegt zu prüfen, um Zeichen der Gnade darin zu erspähen und seine eigenen Gedanken und Gefühle in Übereinstimmung mit dem Lob Gottes zu bringen. Zur Veranschaulichung greift Taylor auf Lawrence Stone zurück, der über die Verhaltensweisen im England des 17. Jahrhunderts schreibt: »Seit dem 17. Jahrhundert ergießt sich ein Strom von Worten über innere Gedanken und Gefühle auf das Papier. Diese Worte werden von zahllosen ganz normalen englischen Männern und Frauen notiert, deren Gesinnung nun zunehmend weltlich wird.« (QS 329)

Doch es ist in erster Linie Jean-Jacques Rousseau, in dessen Folge die Abgrenzung von den rationalen Techniken der Selbstbeherrschung und den Praktiken der desengagierten Vernunft sowie das Votum für Gefühl und Natur von einer breiten Bewegung getragen wurden. Für Rousseau hat die Natur eine moralische Dimension, die dem objektivierenden Blick der radikalen Aufklärer entgeht. Die Natur ist grundsätzlich gut, sie ist die Stimme des Gewissens. Erst die Entfremdung von der Natur verdirbt uns. Und im Gegensatz zu den Aufklärungsnaturalisten ist es für Rousseau nicht die Vernunft, die uns aus dieser Entfremdung befreien kann, im Gegenteil, das Fortschreiten dieser kalkulierenden Vernunft gehört mit zu den Zeichen der Verderbtheit. »Die erste Regung der Natur ist richtig, doch die Wirkung der verderbten Natur geht dahin, daß wir die Verbindung zur Natur verlieren. Diesen Verlust erleiden wir, weil wir uns nicht mehr auf uns selbst und diese innere Regung verlassen, sondern auf andere und das, was sie von uns halten, von uns erwarten, an uns bewundern oder verachten, an uns belohnen oder bestrafen. Durch das in der Gesellschaft zwischen uns geknüpfte dichte Gewebe der Meinungen werden wir von der Natur getrennt, zu der wir nun keine Verbindung mehr herstellen können.« (QS 623)

Nicht mehr Vernunft, nicht mehr Gelehrsamkeit führt deshalb zu einer Besserung der Menschen, vielmehr müssen wir wieder auf unsere innere Stimme hören, um in Übereinstimmung mit dieser Stimme der Natur zu leben. Dann erst ist man ganz und gar man selbst, und nur innerhalb dieses Selbst ist die Quelle von Einheit und Ganzheit zu finden. Die Erforschung des eigenen Selbst führt zu einer schlichten Lebensweise, zur Genügsamkeit und bahnt den Weg zurück zur Natur. Dies meint aber zugleich, alle Fremdbestimmung abzuwerfen und zur wahren Selbstbestimmung zu finden. Nur in der Genügsamkeit ist die Freiheit zu finden und damit wird der Weg zur Tugend gebahnt. Mit seinem Ideal der Selbstbestimmung vollzieht Rousseau die Subjektivierung des neuzeitlichen Moralverständnisses mit. Auch er tritt den Weg nach innen an, weil sich nur dort Aufschluss über das, was wirklich ist, finden lässt. Die Beweggründe für das eigene Handeln werden durch den Blick ins eigene Selbst deutlich und dies gewährt auch einen Einblick in die Wahrheiten der Natur. Wir finden das Gute, indem wir uns nach innen wenden und zugleich die eigenen Empfindungen und Neigungen befragen. Entsprechend können wir »unserem Inneren entnehmen und von den Regungen unseres eigenen Wesens erfahren, was von der Natur als bedeutsam ausgezeichnet wird« (QS 630). Und so ist Rousseau der Ausgangspunkt jenes Umgestaltungsprozesses, der »in der neuzeitlichen Kultur zu tieferer Innerlichkeit und zu radikaler Autonomie hinführt« (QS 631). Er steht sowohl am Anfang vieler bis heute geltender philosophischer Theorien der Selbsterkundung als auch am Ursprung jener Überzeugungen, denen Freiheit und Selbstbestimmung als Schlüssel für moralisches Handeln gelten.

So sind die Ideen Rousseaus entscheidend für jene im 18. Jahrhundert um sich greifenden vielfältigen Bewegungen gegen die Nüchternheit der Aufklärung. Sie entstehen im deutschen Sturm und Drang, äußern sich ebenso in der Kultur der Empfindsamkeit und münden in den breiten Strom der romantischen Dichter sowohl in England als auch in Deutschland. Auch Geister wie Goethe, Hegel oder der von Taylor besonders hoch geschätzte Herder sind davon geprägt. Allen diesen Ideen und Theorien ist gemeinsam, dass sie, wie Taylor es nennt, die »Natur als innere Quelle« betrachten. Danach haben die Menschen ihren Platz in einer umfassenden Naturordnung, mit der sie in Einklang stehen sollten und durch die sie einen Zugang zu ihrem eigenen Selbst, gewissermaßen durch eine innere Regung, finden. Denn alles, was durch die romantischen Strömungen ausgezeichnet wird, gewinnt seinen Sinn von innen. »Es ist eine innere Regung oder Überzeugung, die uns sagt, wie wichtig unsere eigene natürliche Erfüllung ist sowie unsere Anteilnahme an den Erfüllungen der Mitgeschöpfe. Dies ist die Stimme der Natur in unserem Inneren.« (QS 643) Die innere Stimme ist die Art unseres Zugangs zur natürlichen Ordnung. Aber wir können diesen Zugang auch verlieren: Gerade durch die desengagierte Haltung der kalkulierenden Vernunft, die bloß äußerliche Anschauung der Natur als einer beobachteten Ordnung, verlieren wir den Bezug zu jener Natur, die »als Reservoir des Guten, des unschuldigen Begehrens oder des Wohlwollens und der Liebe zum Guten« (QS 644) erscheint. Damit rankt sich die Idee des guten Lebens darum, für die Regungen der Natur offen zu sein, sich auf sie einzustimmen und sich nicht davon abschneiden zu lassen. Nahe liegend ist dann auch die Vorstellung von einem Gott, der innerhalb der Natur wirkt und sich in unserem Inneren artikuliert. So stellt sich eine Nähe zum Pantheismus ein, wie sie bei den Romantikern und deren Berufung auf Spinoza und ebenso bei Goethe zu beobachten ist.

Erschließt sich die Wahrheit der Natur durch die innere Stimme, kann diese Wahrheit nur dann ganz entborgen werden, wenn das, was im Inneren vorgefunden wird, zum Ausdruck gebracht wird. Das Innere muss sich durch ein Medium kundtun. Ich bringe, wie Taylor veranschaulicht, meine Gefühle durch mein Gesicht zum Ausdruck, die Gedanken durch Worte und meine Visionen in der Kunst. (Vgl. QS 651) Darin repräsentiere ich aber nicht bloß das, was zuvor bereits mein Inneres präsentierte. Ich »formuliere« nicht nur etwas, was in meinem Inneren schon bereitlag, vielmehr kommt es zu einer Art von Schöpfung, zu einem Zur-Existenz-Bringen von etwas, ganz so wie ein Künstler mit seinem Kunstwerk die ihm zugrunde liegende Idee erst formt und erschafft. Wie Taylor auch schon in seinem Buch über Hegel ausführt, ist der »Expressivismus« die Idee, dass ich mich durch die Artikulation meiner inneren Stimme gewissermaßen selbst verwirkliche. Er ist quasi die Emanation der natürlichen Stimmen des Inneren.

»Das bringt eine neue Interpretation der traditionellen Ansicht vom Menschen als einem vernunftbegabten Tier [...] hervor. [...] [Der] Mensch als bewußtes Sein erreicht sein höchstes Ziel, wenn er sein eigenes Leben als einen adäquaten, wirklichen Ausdruck dessen erkennt, was er potentiell ist – genauso wie ein Künstler oder Schriftsteller sein Ziel dadurch erreicht, daß er sein Werk als den vollständig adäquaten Ausdruck dessen, was er sagen wollte, erkennt. Im einen wie im anderen Fall konnte die ›Botschaft‹ nicht bekannt gewesen sein, bevor sie zum Ausdruck gekommen war. [...] Der Mensch erkennt sich, indem er sich ausdrückt; er erklärt in diesem Ausdruck, was er ist, und er erkennt sich in ihm an. Die spezifische Eigentümlichkeit des menschlichen Lebens besteht darin, durch Ausdruck zum Selbst-Bewußtsein zu gelangen.« (HE 33)

So fördert der Expressivismus Taylor zufolge jene im 18. Jahrhundert aufkommende Idee der individuellen Originalität eines jeden. In dem Maße, in dem die Natur durch unsere innere Stimme spricht, muss jeder ihr folgen, statt sich an äußeren Vorbildern zu orientieren. Das aber, was im Inneren ist, kann durchaus etwas sehr Eigenes sein, ohne Beispiel in einem anderen Inneren. So kommt es zu einer Besetzung der jeweiligen Individualität des Individuums, wie es auch Herder formuliert hat: »Jeder Mensch hat ein eigenes Maß, gleichsam eine eigene Stimmung aller seiner sinnlichen Gefühle zueinander.« (Zit. nach: QS 654) Diese romantische Besetzung einer originären Individualität jedes Einzelnen wurde zu einem »Eckpfeiler der neuzeitlichen Kultur« (QS 655) und wäre in früheren Zeiten unverständlich geblieben. Selbst die Idee der je eigenen Weisen des Menschseins, also gewissermaßen einer je eigenen Volkskultur – sprich eines eigenen Nationalcharakters – hat darin ihre Wurzeln.

Untrennbar verknüpft mit solchen expressiven Anschauungen des menschlichen Lebens ist eine neue Auffassung von Ästhetik. Nicht länger besteht die Verwirklichung eines guten Lebens darin, einem vorgegebenen moralischen Regelwerk zu folgen, sondern im Ausdruck und damit in der Verwirklichung jenes originären Potenzials, das die Einzigartigkeit jedes Individuums ausmacht. Wenn es aber die Aufgabe eines jeden ist, dem bislang unvollkommen Bestimmten durch Expression eine scharfe Kontur zu geben, entspricht dies dem künstlerischen Schaffen: Kunst ist derart das Vorbild für individuellen Selbstausdruck. Allerdings setzt das eine neue Kunstauffassung voraus, denn Kunst hat nun nicht mehr die Aufgabe der Abbildung der Wirklichkeit, sie wird vielmehr Kundgabe von etwas bis dahin Verborgenem. Die Kunst erhält eine geradezu religiöse Aura, sie tut das kund, was in der Natur verborgen und ungeäußert ist und ohne jene immer unsichtbar bleiben würde. Der Künstler wird zum Seher, oder wie es bei Herder gar heißt, zum Schöpfergott.

Zugleich liegt es nahe, die Grenzen des individuellen Selbstausdrucks in eine kosmische Dimension hinein zu überschreiten. Die Natur in unserem Inneren ist nämlich mit einem mächtigeren Strom des Lebens oder Seins verbunden. Nur durch eine Einbettung in ein solches überindividuelles Ganzes kommt es zu einer Verwirklichung des eigenen schöpferischen Potenzials. Sowohl die Kunst als auch das zum Kunstwerk erhobene Leben werden zu einem Offenbarungsgeschehen von etwas, »was sonst unzugänglich ist und höchste moralische und spirituelle Bedeutung hat« (QS 729).

Weiterentwicklungen des romantischen Expressivismus

Die ursprünglich romantische Idee von Kunst als einem Offenbarungsgeschehen prägt Taylor zufolge – wenn auch mit vielen Modifikationen – unsere Kultur noch heute. Seit über zweihundert Jahren zählt die Kunst demnach zu den ausschlaggebenden moralischen Quellen, die in der Version der Romantik aus dem Vernehmen der Stimmen der Natur sprudeln. Das setzte, wie wir gesehen haben, voraus, dass Kunst nicht länger die Funktion der Mimesis hatte, der mehr oder minder naturgetreuen Abbildung, sondern dass sie etwas sonst Unzugängliches offenbart. Das Kunstwerk ist die Verwirklichung einer Epiphanie. (Vgl. QS 729 ff.) Das Abgebildete verweist auf einen höheren Sinn: Durch die Darstellung der Natur etwa scheint eine größere spirituelle Wirklichkeit hindurch. Die Kunst durchdringt so die uns umgebende prosaische, seelenlose Welt, um ihre geheime Tiefe zu offenbaren. Sie ist die eigentlich moralische Kraft, selbst und gerade da, wo das durch sie Offenbarte über das normalerweise unter Moral Verstandene hinausgeht und dagegen verstößt. Der Künstler ist dabei jenes Ausnahmewesen, das die tiefe Wahrheit der Welt und der Natur entschlüsseln kann, eine Person mit außergewöhnlichem Empfindungsvermögen, weshalb ihm Bewunderung und Verehrung entgegengebracht werden muss. Er ist der spießerhaften bürgerlichen Gesellschaft gegenübergestellt, ein Ausnahmeschicksal, ob in seinen über die bürgerliche Moral hinausgehenden Visionen, ob als gefeiertes Genie oder auch als verachtete Randexistenz, ob als Mitglied der Boheme oder später der Avantgarde.

»Durchaus verständlich, daß das Bild des Dichters als Seher auch weiterhin in Kraft bleibt. Ausdrücklich ist das bei Baudelaire der Fall, unausgesprochen liegt es dagegen in der besonderen Art der Bewunderung und Ehrfurcht, die die Verfertiger von Epiphanien bis auf den heutigen Tag umgeben. Noch in unserer Zeit findet sich im Umkreis der Kunst und der Künstler eine Art frommer Verehrung, die von dem Gefühl herrührt, daß ihre Offenbarungen von großer moralischer und spiritueller Bedeutung sind und daß sie den Schlüssel enthalten zu einer gewissen Tiefe oder Fülle, zu einem gewissen Ernst, einer Intensität des Lebens oder einer gewissen Ganzheit.« (QS 734)

Die romantischen Epiphanien, die Taylor auch als »Epiphanien des Seins« bezeichnet, sind insbesondere durch drei Merkmale gekennzeichnet: »1. sie zeigen eine Realität, die 2. eine Äußerung von etwas ist, was 3. eine eindeutig gute Moralquelle von etwas ist« (QS 832). Doch werden solche sinnhaften Zuschreibungen, die eine Wiederversöhnung von Mensch und Natur in den Blick nehmen, zunehmend in Zweifel gezogen. Vor allem die Vorstellung, dass die Natur eindeutig gut sei, wird nicht länger aufrechterhalten. Spätere Kunstrichtungen des 19. Jahrhunderts wie Naturalismus und Realismus oder der Symbolismus eines Baudelaire oder Mallarmé teilen dieses Ethos, das der Natur zugesprochen wird, nicht mehr. Ihnen geht es gerade umgekehrt z.B. um die »Entschleierung der Dinge in ihrer Sinnlosigkeit« (QS 752) oder um die Bekundung der naturgemäßen Boshaftigkeit des Menschen, deren Darstellung Baudelaire an Poe bewunderte. Schopenhauers Philosophie wiederum sieht in dem alles durchdringenden Willen im Kontrast zur romantischen Naturverklärung die »wilde Energie der amoralischen Natur«, ein unersättliches, unkontrolliertes Streben, das nie zu befriedigen ist. (Vgl. QS 766 f.) Allerdings ist auch bei Schopenhauer die Kunst, insbesondere die Musik, der Ort, an dem dieses Streben sich beruhigen kann, was uns aus dem, wie es bei Schopenhauer heißt, »endlosen Strome des Wollens heraushebt« (zit. nach: QS 770).

Durch solche Darstellungen der Grund- und Sinnlosigkeit der Welt wird freilich eine moralische Krise ausgelöst, eine »Krise der Bejahung«, in der profunde Fragen über die »Güte des Seins« aufgeworfen werden. (QS 776 f.) Eine Antwort darauf liegt in der Umgestaltung unserer eigenen Haltung zur Welt. Nicht länger ist es die Welt selbst, die eine Ordnung des Guten in sich birgt, sondern »die Güte der Welt kann jetzt – zumindest was die Welt der Menschen betrifft – so gesehen werden, als sei sie nicht ganz unabhängig davon, daß wir sie als gute sehen und darstellen. Der Schlüssel zur Erholung von dieser Krise kann also darin bestehen, daß wir fähig sind ›zu sehen, daß es gut ist‹.« (QS 777) Kierkegaard, Dostojewski und Nietzsche sind für Taylor die Hauptvertreter eines Versuchs, durch die Erfahrung des Nihilismus oder des Atheismus hindurch zu einem Frieden mit der Welt zu kommen. In dem Maße, in dem die eigene Haltung gegenüber dem Selbst und der Welt sich ändert – so wie etwa Nietzsches Übermensch die Ungründigkeit der Welt mit allem Schrecken und aller Schönheit bejahen kann –, wandelt die Realität sich zu etwas Gutem, wir bringen durch unsere bejahende Kraft, aufgrund unserer eigenen schöpferischen Fantasie und unseres kreativen Einbildungsvermögens gewissermaßen deren Gutes hervor.

»Die neue Haltung gibt mir die Möglichkeit, Angst und Verzweiflung zu überwinden bzw. im Strom der Liebe zu stehen oder zur vollständigen Einheit der totalen Selbstbejahung des Übermenschen zu gelangen. Im Falle Dostojewskijs und Nietzsches beinhaltet der Wandel so etwas wie die Anerkennung der Realität als etwas Gutem, doch die Anerkennung hilft zugleich, die Güte der Realität herbeizuführen. Akzeptieren, daß man zur Welt gehört, trägt nach Dostojewskij zur Besserung der Welt bei. Bejahung des Willens zur Macht steigert nach Nietzsche den Willen zu höherer Potenz. Sehen, daß etwas gut ist, bewirkt wie in der Genesis, daß es gut ist.« (QS 788)

Insbesondere in solchen atheistischen und nihilistischen Strömungen kommt es zu einer weiteren Verinnerlichung der moralischen Quellen. Durch die Kraft unserer eigenen Bejahung vermögen wir der Grundlosigkeit der Welt etwas entgegenzuhalten und können das Gute verwirklichen. »Anders als frühere Auffassungen von Moralquellen, in der Natur und in Gott, raumen diese modernen Anschauungen unserer eigenen inneren Kräfte der Konstruktion, Transfiguration oder Interpretation eine ausschlaggebende Stellung ein, da sie wesentlich seien für die Wirksamkeit der äußeren Quellen. Damit diese uns stärken können, müssen unsere eigenen Kräfte zum Einsatz gebracht werden. In diesem Sinne sind die Moralquellen zumindest teilweise verinnerlicht worden.« (QS 788)

So kommt es zu mannigfaltigen Umformungen der moralischen Quellen der Romantik, ohne dass allerdings der epiphanische Charakter der Kunst sich darin verlöre. Dies gilt ebenso für die Kunst des 20. Jahrhunderts, auch wenn viele Vertreter der Moderne sich geradezu als Antiromantiker bezeichnen. Denn längst schon schien das Romantische von der bürgerlichen Welt vereinnahmt, wirkte die Flucht in subjektives Empfinden oder die hoffnungsfrohe Vorstellung, die Welt sei eine Emanation des Geistes, nur noch als schwache Kompensation für die erfahrene Grund- und Sinnlosigkeit des Seins. Dagegen müsse der Bruch mit der Welt des Instrumentalismus und der desengagierten Vernunft gründlicher vollzogen werden. Auf der Suche nach dem Ort des Schönen und des Wahren in einer mechanistisch determinierten Welt wandte sich die Moderne noch weiter nach innen, um eine Dimension des wirklichen Erlebens wiederzugewinnen. In diesem Zusammenhang blieb sie nicht bei einem durch Artikulation zu offenbarenden Selbst stehen, sondern ging darüber hinaus, sodass Begriffe wie »Selbst« oder »Identität« infrage gestellt wurden und Erfahrung selbst fragmentiert wurde.

»Wir können sogar erkennen, wie der Gedanke aufkommen konnte, die Flucht vor der herkömmlichen Vorstellung des einheitlichen Selbst sei eine Bedingung der wahren Wiedergewinnung erlebter Erfahrung. In unterschiedlicher Weise beruhen sowohl das Ideal der desengagierten Vernunft als auch das der romantischen Erfüllung auf einer Vorstellung vom einheitlichen Selbst. Jenes verlangt ein kompaktes Kontrollzentrum, das die Erfahrung steuert und zum Aufbau der Vernunftbefehle imstande ist, nach denen wir Denken und Leben ausrichten können. Nach Absicht dieses Ideals gelangt das ursprünglich geteilte Selbst durch die Anpassung von Empfinden und Vernunft zur Einheit. Insoweit nun beide Ideale als Facetten einer Welt und einer Einstellung gesehen werden, deren Ansprüchen auf allumfassende Geltung wir entrinnen wollen [...], kann es so aussehen, als erfordere die Befreiung der Erfahrung, daß wir aus dem Kreis der einheitlichen Einzelidentität heraustreten und uns dem Strom öffnen, der über den Spielraum der Kontroll- oder Integrationsinstanzen hinausfließt.« (QS 800)

Die Auflösung des einheitlichen Selbst, die Dezentrierung des Subjekts ist deshalb eines der wiederkehrenden Themen des 20. Jahrhunderts. Es findet sich von den frühen Modernen wie

Musil oder Joyce bis hin zu den so genannten Postmodernen wie Foucault oder Derrida. Und durch diese Dekonstruktionen des Subjekts scheinen dann andere Themen hindurch: der Traum, der Instinkt, die Sprache, die Zeit oder die Struktur. Doch bei diesen Erkundungen soll sich dennoch eine Wiedergewinnung der Erfahrung vollziehen, durch die die normalerweise verborgene Erscheinung der Dinge offenbart wird. Denn was erscheint, ist nicht auf der Oberfläche der gewöhnlichen Dinge zu finden: Die Epiphanie bringt etwas zur Erscheinung, was nicht im Bereich des Sichtbaren liegt, wie es etwa bei der nichtgegenständlichen Kunst deutlich wird.

Zugleich entspricht der Auflösung der Einheit des Selbst eine Auflösung der Einheit des Kunstwerks selbst. Denn die Kunst des 20. Jahrhunderts opponiert gerade gegen den Sinnzusammenhang, den traditionell das Kunstwerk schaffen sollte. Solche sinnhafte Zuschreibung ist der Moderne verdächtig, geht es ihr doch, wie es in der Kunsttheorie Adornos heißt, um die »Negation objektiv verpflichtenden Sinns«, insofern wir die Fähigkeit verloren haben, »die Dinge wahrhaft beim Namen zu rufen« (zit. nach: QS 829 f.). Die Epiphanie der Moderne negiert also die positiven Merkmale der romantischen Epiphanien, was sie hervorbringt, ist gerade ein Ausdruck des Unversöhnten, des Unvereinbaren oder einer irreduziblen Mehrdeutigkeit. »Das Epiphanische und das gewöhnliche, wiewohl unentbehrliche Reale können nie ganz in Einklang gebracht werden, und wir sind dazu verurteilt, auf mehr als einer Ebene zu leben – andernfalls müssen wir die Schmälerung durch Verdrängung erdulden.« (QS 834) Damit werden zwar einerseits die Anmaßungen des desengagierten wie auch des expressiven Selbst hinfällig, aber auf der anderen Seite liegt der Zugang zu einer solchen Erfahrung ebenso im Bereich des Persönlichen, einer inneren Tiefe, wie das für die Romantik galt. Insofern ist auch die Kultur, und insbesondere die Kunst des 20. Jahrhunderts, für Taylor eine Modifizierung des von der Romantik ausgehenden Bestrebens, »durch den Einsatz der schöpferischen Phantasie eine Verbindung zu den moralischen und spirituellen Quellen wiederzuentdecken« (QS 849).

Das Spannungsfeld von Aufklärung und Romantik

Die gesamte Entwicklung der Neuzeit bewegt sich im Wesentlichen in jenem Spannungsfeld, das durch die Positionen des Naturalismus auf der einen Seite und eines im weiteren Sinne romantischen Expressivismus auf der anderen Seite abgesteckt wird. Innerhalb der moralischen Topographie, wie sie sich aus den Selbst- und Weltbildern dieser einander entgegengesetzten Haltungen herauskristallisiert, entwickelt sich neuzeitliche Identität. Insbesondere ab dem 18. Jahrhundert tritt uns in ausgereifter Form jener Mensch der Moderne entgegen, der die beiden großen kulturellen Bewegungen der Neuzeit in einer oft einander widerstreitenden Art und Weise in sich vereint. Er ist bestimmt von moralischen Imperativen, die sich um Ideen wie Freiheit, die Bejahung des gewöhnlichen Lebens, allgemeine Gerechtigkeit, aber auch Selbstbestimmung und persönliche Selbstentfaltung ranken. Es ist jener Mensch, der in seinem Inneren nicht nur das Vermögen der desengagierten rationalen Kontrolle vorfindet, sondern darin ebenso eine Tiefe entdeckt, aus der es geradezu unerschöpflich stets mehr zu bergen gibt. Er hat sich von der Natur abgetrennt, um sich ihrer mittels der instrumentellen Vernunft zu bemächtigen, während er diese Trennung im romantischen Naturerleben gleichzeitig wieder aufzuheben trachtet. Das Paradigma der desengagierten Vernunft ist stets begleitet vom romantischen Protest gegen die Risse, die damit in die Welt kommen.

»Der romantische Expressivismus entsteht aus dem Protest gegen das Aufklärungsideal der desengagierten instrumentellen Vernunft und die daraus hervorgehenden Formen des sittlichen und gesellschaftlichen Lebens: gegen eindimensionalen Hedonismus und Atomismus. Dieser Protest wird während des ganzen neunzehnten Jahrhunderts in verschiedenen Formen fortgesetzt und gewinnt immer mehr an Bedeutung, indes die Gesellschaft durch den kapitalistischen Industrialismus immer stärker in atomistischer und instrumenteller Richtung umgemodelt wird. Der Vorwurf gegen diese Daseinsweise besagt, daß sie das menschliche Leben fragmentiert: Sie teilt es in unverbundene Einzelbereiche wie Vernunft und Gefühl; sie scheidet uns von der Natur, und sie trennt uns voneinander.« (QS 721)

Wiedervereinigung, Verbindung mit der Natur, Versöhnung von Gefühl und Verstand waren deshalb die romantischen Ziele, wohingegen die instrumentelle Haltung gegenüber der Natur deren Beherrschung als Grundlage eines lebenswerten menschlichen Lebens ausmachte. Bis heute prägen diese beiden Positionen den gesellschaftlichen Diskurs, etwa in den Fragen sinnvoller Umweltpolitik.

»Hinter den spezifischen Streitfragen über die Gefahren der Umweltverschmutzung oder den Raubbau an Rohstoffreserven stehen diese beiden geistigen Einstellungen und konfrontieren einander. Die eine sieht die Würde des Menschen darin, daß er mit Hilfe der instrumentellen Vernunft die Kontrolle über ein objektiviertes Universum übernimmt. Sofern es im Hinblick auf Umweltverschmutzung oder ökologische Grenzen Probleme gibt, werde es gelingen, auch sie durch besseren und umfassenderen Einsatz der instrumentellen Vernunft zu lösen. Die andere Auffassung erblickt in ebendieser Einstellung zur Natur eine kurzsichtige Verleugnung unserer Stellung unter den Dingen. Wir sollten einsehen, daß wir einer umspannenden Ordnung der Lebewesen angehören, insofern unser Leben aus ihr hervorgeht und von ihr erhalten wird. Diese Einsicht beinhaltet, daß man eine gewisse Bindung an diese umfassende Ordnung anerkennt.« (QS 668)

Doch Taylor weist – nachdem er versucht hat, die Quellen des Selbst zu bergen – darauf hin, dass es keinen Grund gibt, bestimmte moralische Facetten der Neuzeit einfach abzulehnen, wie es etwa geschieht, wenn »bornierte Vertreter der desengagierten Vernunft« (QS 869) die irrationalen und wissenschaftsfeindlichen Seiten der Romantik aufzeigen, um sie damit zugleich zu verwerfen. Ebenso borniert ist es, wenn umgekehrt im Namen einer zu bewahrenden Natur die Früchte der technischen Vernunft verteufelt werden. Auch wenn die Güter der Moderne untereinander in Konflikt stehen, so widerlegen sie einander doch nicht. Die mit der desengagierten Vernunft zusammenhängende Würde etwa wird nicht dadurch schon entwertet, dass jene die ökologische Verantwortung missachtet hat. Allzu schnell ziehen gerade die prozeduralen Ethiken mit ihrem Formalismus den Schluss, dass alles, was böse Handlungen hervorgebracht habe, auch böse sein müsse, wie etwa der Nationalismus, weil sich auch Hitler auf ihn berief, oder die Botschaft des Christentums, weil sich die Inquisition darauf bezog. Wiewohl Taylor mit Recht darauf hinweist, dass Ideen und Werte nicht allein aus dem Grund für falsch erklärt werden können, dass sie die Möglichkeit zum Missbrauch in sich bergen, so ist doch andererseits gerade die Konsequenz der prozeduralen Ethiken zu begrüßen, darum keinen Wert zu einem substanziellen Gut zu erheben, sondern dessen Berechtigung dahingestellt sein zu lassen.[26]

Der Prozeduralismus entgeht fundamentalistischen Gefahren, indem er durch Pluralisierung von der Verbindlichkeit von Werten entlastet. Pluralisierung wiederum ist allerdings ein Gedanke, durch den auch Taylor den Streit zwischen Verfechtern und Verächtern der desengagierten Vernunft schlichten möchte. Denn das Dilemma dieses Streites besteht ja darin, dass jeder nur die eigenen Güter gelten lassen will. Dies widerspricht jedoch der Charakteristik unserer neuzeitlichen Identität, die eben dadurch geprägt ist, dass sie in die vielfältigsten Güter verwoben ist, geprägt sowohl durch »die Kräfte der desengagierten Vernunft als auch durch die der schöpferischen Phantasie«, eingehüllt »in die typisch neuzeitlichen Auffassungen von Freiheit, Würde und Rechten, in die Ideale der Selbsterfüllung und der Selbstäußerung sowie in die Forderungen des allgemeinen Wohlwollens und der universellen Gerechtigkeit« (QS 868). Und jeder hat teil an allen Werten, auch an jenen, die er in Bausch und Bogen ablehnt. Die Einstellungen radikaler Abgrenzung basieren Taylor zufolge auf einem erheblichen Maß an Selbsttäuschung. »So geschieht es [...], daß die Vertreter der nüchternsten Verfahrensethik von Visionen des Guten beseelt sind, ohne es zuzugeben, und daß sich Neonietzscheaner mit erschlichenen Beweismitteln auf den Grundsatz der allgemeinen Freiheit von Herrschaft berufen.« (QS 869) Oft genug läuft die Trennungslinie zwischen naturalistisch-aufklärerischen und romantisch-expressiven Gütern zwischen den Bereichen des Öffentlichen und des Privaten. Während nämlich die Sphären von Wissenschaft, Wirtschaft, Politik oder Recht von den Gütern des Naturalismus dominiert werden, überwiegen im privaten Bereich Ideale von Selbstausdruck und Selbstverwirklichung. Und so »bedienen sich desengagierte Rationalisten, die sich über ihre persönlichen Dilemmata den Kopf zerbrechen, immer noch solcher Begriffe wie dem der Erfüllung; und Gegner der Moderne werden im politischen und moralischen Leben selbst nicht nur auf Erfüllung pochen, sondern außerdem Rechte, Gleichberechtigung und selbstverantwortliche Freiheit in Anspruch nehmen« (QS 883). Deshalb fordert Taylor dazu auf, all diese Güter anzuerkennen, um einen Raum für die vergessene »moralische Ontologie« der Neuzeit zu öffnen; kurz: ihre ethische Tiefe wiederzugewinnen. Taylor leistet also eine Vermittlungsarbeit und versucht zu zeigen, wie reichhaltig die Güter der Moderne sind und wie verwurzelt und unauflösbar verstrickt in all ihre Facetten die neuzeitliche Identität ist.

»Wir denken oft, wir könnten Technologen oder Romantiker sein, aber ich glaube, daß wir alle auf beiden Seiten stehen. Daß sogar die, die auf der politischen Ebene die Technologie bejahen, in ihrem Privatleben von Erfüllung sprechen. Und das Gegenteil ist auch wahr. Es gäbe einen Ausweg, wenn es etwa möglich wäre zu sagen, Schluß mit der Technologie, wir werden in kleinen Communities leben, aber das ist für uns nicht möglich. Es ist ein andauerndes Dilemma, aber das soll uns nicht hoffnungslos machen. Unser größtes aktuelles Problem etwa ist, wie wir in bezug auf gewisse ökologische Gefahren, wie das Ozonloch, zu einem Weltkonsens kommen können. Aber es wird niemals zu einer endgültigen Lösung kommen, wir können nur die jetzigen Probleme gut oder schlecht lösen und dann zu den anderen übergehen.« (IV 200)

Durch Artikulation des modernen Selbst- und Weltverständnisses in allen seinen Abschattungen vermag dieses sich, so Taylors Hoffnung, zu verwirklichen. Artikulationen verschaffen einem Subjekt Klarheit über seine eigenen Empfindungen, sie offenbaren und sind zugleich welterschließend: In ihnen wird Welt erfahrbar und verfügbar gemacht. Die Artikulation der neuzeitlichen Güter kommt deshalb einem Selbstklärungsprozess der Moderne gleich. In dieser Selbstklärung würden die Verkürzungen des neuzeitlichen Blicks revidiert und einer möglichst umfassenden Realisierung ihrer ethischen Gehalte der Weg gebahnt. Hinter der Idee des autonomen Individuums etwa käme die es erst ermöglichende sprachlich-normative Gemeinschaft zum Vorschein, mitsamt der Verpflichtung, diese lebendig zu erhalten. Die unzähligen geistigen Quellen, die unsere Kultur ausmachen, würden aus ihrer naturalistischen Aphasie entlassen und könnten ihre moralische Kraft entfalten.

> »Ein […] versöhnlicher Ausgleich ist meines Erachtens möglich; eine unerläßliche Bedingung ist jedoch die, daß wir uns die Möglichkeit verschaffen, den Gesamtbereich der Güter anzuerkennen, denen wir unbedingt die Treue halten müssen. Sofern es gelingt, uns durch artikuliertes Verhalten zu öffnen und die verkrampften Verdrängungshaltungen zu lockern, so liegt das zum Teil daran, daß wir damit die Möglichkeit erhalten, den Gesamtbereich der Güter, nach denen wir uns im Leben richten, anzuerkennen. Ferner liegt es daran, daß uns damit unsere Moralquellen erschlossen werden, so daß ihre Kraft in unser Leben einströmen kann. […] Artikuliertheit ist eine entscheidend wichtige Bedingung des versöhnlichen Ausgleichs.« (QS 204)

Die Sprache, die uns wieder mit den moralischen Quellen in Verbindung bringt, ist eine der »persönlichen Resonanz« (QS 883). Taylor votiert für eine Sprache der Berührung, eine Sprache, die weder neutralisiert noch ihr Recht im Namen einer höheren Ordnung reklamiert, sondern eine persönliche Resonanz sowohl artikuliert als auch damit möglicherweise auslöst. Es würde etwa »sehr viel zur Abwendung ökologischer Katastrophen beitragen, wenn es uns gelänge, ein Gefühl zurückzugewinnen für die Forderung, die von unserer natürlichen Umwelt und den Wildgebieten an uns gestellt wird« (QS 886). Eine solche Sprache, der »Sprache der Dichter und Romanciers« (QS 885) näher als der der Philosophie, könnte uns wieder mit den moralischen Quellen in Berührung bringen. Wenn auch mit einer nahezu religiösen Weihe versehen, ist dieser Gedanke nicht weit von der – allerdings prosaisch-pragmatischen – Idee Richard Rortys entfernt, dass Sensibilisierung wirkungsvoller ist als Begründung, sprich: dass traurige Geschichten über menschliches Leid mehr Mitleid erzeugen als das Zitieren universaler Regeln.[27]

Angesichts der Güter und Werte, die durch Neuartikulation wieder belebt werden, gewinnt das unsituierte, punktförmige

Selbst eine Tiefe, die der neuzeitlichen Identität angemessen ist. Taylor hält deshalb eine anthropologische Theorie der situierten Freiheit für nötig. Der Mensch muss in eine Hermeneutik eingebettet werden, die sein Eingebundensein in Geschichte und Ideen des Guten deutlich macht. Daraus allerdings folgt, dass auch die politisch-soziale Praxis, in der das seiner Quellen verlustig gegangene Selbst verwurzelt ist, auf ihre Verengungen und Chancen hin befragt werden muss.

4. Gegenwartsanalysen

In seinen philosophischen Analysen hat Taylor gezeigt, dass die Moderne wider ihr eigenes Selbstverständnis durchaus voller Werte ist und dass ihr scheinbar grundlegendes Ideal einer desengagierten, autonomen Vernunft selbst in vorgängigen ethischen Gewissheiten gründet. Aber Taylors Analysen beschränken sich nicht auf die Kritik bzw. die Neubeschreibung des philosophisch-kulturellen Erbes der Moderne. In einer entsprechenden Bewegung der Kritik und des Umdenkens des zuvor Kritisierten offeriert er auch eine Art Zustandsbeschreibung unserer Gegenwart.

Dem Denken der Neuzeit, wie es Taylor insbesondere in den *Quellen des Selbst* analysiert, entspricht ja zugleich eine individuelle, eine soziale und politische Praxis, in der die diskursiven Ambivalenzen und Probleme der Neuzeit sich gewissermaßen konkretisieren. Auch und gerade unsere alltägliche Praxis ist dadurch gekennzeichnet, dass die (moralischen) Quellen unseres Handelns in Vergessenheit geraten sind. Deshalb sollen in diesem Teil der Einführung vor allem Taylors im engeren Sinne sozialphilosophische, seine zeitdiagnostischen und politischen Thesen dargestellt werden.

In seiner Aufsatzsammlung *Das Unbehagen an der Moderne*, der zehn Vorlesungen zugrunde liegen, die er 1991 im kanadischen Rundfunk hielt, artikuliert Taylor die Beunruhigung, die viele angesichts der Entwicklungen innerhalb der modernen westlichen Gesellschaften empfinden. Das Buch – nicht nur für ein wissenschaftliches Publikum und deshalb ausgesprochen anschaulich geschrieben – gibt einen guten Überblick über den Horizont, in dem sich Taylors Denken bewegt, und verdeutlicht dabei zugleich seine Sympathien für kommunitaristische Ideen. Taylor beschreibt, wie sich neben alle zivilisatorischen Fortschritte der Moderne lange schon eine Kritik gestellt hat, die sich mit deren unangenehmen Eigenschaften auseinander setzt. Denn es gibt »Merkmale unserer heutigen Kultur und Gesellschaft, die trotz aller ›Entwicklungen‹ unserer Zivilisation als Verlust oder Niedergang erlebt werden« (UM 7). Ursprünglich aus dem romantischen Gefühl der Entzweiung von Mensch und Natur entstanden, im 20. Jahrhundert etwa bei Martin Heidegger oder auch der kritischen Theorie artikuliert, ist das Unbehagen heute gewissermaßen massen- und medienwirksam geworden. Doch auch wenn der zeitliche Rahmen variiert, innerhalb dessen die Problematik der Moderne diagnostiziert wird – betrifft sie in erster Linie die letzten Jahrzehnte oder ist sie auf einer viel fundamentaleren Ebene auf die gesamte Neuzeit zu beziehen? –, so stimmen die Themen des diagnostizierten Verfallsprozesses im Wesentlichen überein. Wie wir schon gesehen haben, ordnet sich Taylor dieser Kritik durchaus zu, ohne allerdings das gesamte »Projekt der Moderne« (Habermas) gänzlich in einer Dekonstruktions- oder Verfallsrhetorik zu entwerten. Vielmehr gelte es, sich der Ambivalenz der Moderne, ihren sowohl bewundernswerten als auch Furcht erregenden Merkmalen zu stellen und ihren Verflachungen durch die Besinnung auf ihre historischen Quellen und die darin angelegten Möglichkeiten zu begegnen, um sie möglicherweise sogar ein Stück weit therapieren zu können. In seinen Aufsätzen zur Analyse unserer Zeit wendet Taylor das, was er in den *Quellen des Selbst* beschrieben hat, auf unsere aktuelle Situation an, um dieser, ganz im Sinne seiner Idee der Versöhnung durch Artikulation, eine andere Wendung zu geben.

Zwar mag Taylor in seinen Zeitanalysen die Problematik der Moderne nicht erschöpfend darstellen, aber er lässt »sehr vieles von dem anklingen, was wir an der modernen Gesellschaft beunruhigend und verwirrend finden« (UM 7). Die Beunruhigungen ergeben sich durch einen in Taylors Augen falsch verstandenen, weil überbetonten Individualismus sowie durch die dominierende Stellung der instrumentellen Vernunft, die in der Konsequenz beide zu einer paradoxen Einschränkung der Freiheit in einer Gesellschaft führen, die sich andererseits gerade durch die Erkämpfung politischer und persönlicher Freiheitsrechte hervorgetan hat. Der Zusammenhalt der Gesellschaft droht zu zerbrechen, insofern sie sich nicht länger unter gemeinsamen Zwecken zu einigen vermag. Dagegen setzt Taylor dann sein Ideal einer kommunitaristischen Bürgergesellschaft, in der die öffentlichen Angelegenheiten wieder unter der einenden Kraft eines gemeinschaftlich getragenen Guten stehen.

Der Individualismus der Selbstverwirklichung

Eine der wesentlichsten Neuerungen, die durch die neuzeitliche, subjektbezogene Revolution der Denkungsart erzielt wurden, ist die Herauslösung des Menschen aus ihn umfassenden Ordnungszusammenhängen, die bis dahin der Welt und den Tätigkeiten des menschlichen Lebens ihren Sinn gegeben hatten. Der philosophischen Konstruktion des desengagierten Subjekts entspricht auf der gesellschaftlich-politischen Ebene der Mensch als Individuum, mit dem Recht, sein eigenes Lebensmuster zu wählen und seinem Gewissen, seinen Überzeugungen zu folgen. Solche Rechtsansprüche werden durch das Rechtssystem demokratischer Gesellschaften verteidigt. Und selbstverständlich räumt Taylor ein, dass ein so verstandener Individualismus für viele die höchste Errungenschaft der menschlichen Zivilisation darstellt, insofern dem Menschen dadurch seine Würde gegeben wird. Der Individualismus bildet die Basis unserer freiheitlich-demokratischen Gesellschaften. Viele halten ihn nach wie vor für unvollendet, weil ökonomische Zwänge, die Muster des Familienlebens mit ihren nach wie vor oft traditionellen Rollenverteilungen oder auch überlieferte Hierarchievorstellungen die Freiheit, unsere Subjektivität auszuleben, behindern.

Seit der Romantik allerdings wurde immer wieder infrage gestellt, ob die Herauslösung des Menschen aus übergeordneten Ordnungszusammenhängen ausschließlich positive Seiten hatte. Es fehle nun das Gefühl für einen höheren Zweck, stattdessen streben die Menschen, wie Alexis de Tocqueville klagte, im demokratischen Zeitalter nur noch nach »kleinen und gewöhnlichen Freuden« oder, so Nietzsche, nach »erbärmlichem Behagen« (zit. nach: UM 10).[28] Demnach könnte man auch von einer dunklen Seite des Individualismus sprechen, ihn beschreiben als »eine Konzentration auf das Selbst, die zu einer Verflachung und Verengung des Lebens führt, das dadurch bedeutungsärmer wird und das Interesse am Ergehen anderer oder der Gesellschaft vermindert« (UM 10).

Gerade heute ist die Diskussion um den Individualismus entbrannt. War er früher gleichsam eine Leitidee der Moderne, ist er inzwischen zur Realität geworden. Mittlerweile ist er »in der Alltagspraxis der Leute verankert sowie in der Art und Weise, in der sie ihren Lebensunterhalt verdienen, und in ihrem politischen Verhältnis zu anderen Menschen. So kommt es, daß der Individualismus allmählich die einzig denkbare Einstellung zu sein scheint, was er für frühere Generationen, die ihm zunächst den Weg gebahnt haben, bestimmt nicht gewesen ist.« (UM 68) Im Gegensatz zu liberalen Positionen, die diesen Individualismus als Zeichen einer veränderten, weil Realität gewordenen demokratischen Gesinnung und damit als Chance begreifen[29], wird von kommunitaristischer Seite ein solcher »gemeiner Individualismus« mit Schlagwörtern über die permissive Gesellschaft oder die ichbezogene und narzisstische Generation in Verbindung gebracht. Besorgt wird ein »Individualismus der Selbstverwirklichung« diagnostiziert, der seit den Sechzigerjahren zu einer in den westlichen Gesellschaften äußerst starken Strömung geworden ist. Die Kultur der Selbstverwirklichung mache, in dieser Analyse stimmt Taylor den Kritikern der westlichen Gesellschaften zu, die Menschen blind für Belange, die über dieses Ziel hinausgehen. Dieser Vorrangstellung der Selbsterfüllung werden alle Gemeinschaftsbeziehungen, alle Formen ehelicher, familiärer oder gesellschaftlicher Solidarität unterstellt. »Sei du selbst! Sei authentisch!« – so laute gewissermaßen der kategorische Imperativ unserer Zeit. Hinter diesem Gebot zur Authentizität verberge sich allerdings nichts anderes als eine mit Hedonismus gepaarte Kultur des Narzissmus, eine äußerst ichbezogene Einstellung, der zufolge die Selbstverwirklichung oder Selbsterfüllung der wichtigste Wert im Leben ist. Die Kultur des Narzissmus ist geprägt durch die »Ausbreitung einer Einstellung, die die Selbstverwirklichung oder Selbsterfüllung als wichtigsten Wert im Leben hinstellt und anscheinend nur wenige von außen kommende moralische Forderungen oder ernsthafte Verpflichtungen gegenüber anderen Personen gelten läßt« (UM 65).

»Freilich gibt es eine Ebene, auf der die Beweggründe für die Aneignung stärker ichbezogener Formen durchaus einsichtig sein können. Unsere Bindungen an andere können ebenso wie äußere moralische Forderungen ohne weiteres mit unserer persönlichen Entfaltung in Konflikt geraten. Die Anforderungen der Karriere sind womöglich unvereinbar mit den Pflichten gegenüber der Familie oder mit der Treue zu einem weitreichenden Vorhaben oder zu einem Prinzip. Das Leben wirkt vielleicht unbeschwerter, wenn man diese äußeren Zwänge vernachlässigen kann.

In bestimmten Zusammenhängen, in denen man um die Bestimmung einer zerbrechlichen und konfliktbeladenen Identität ringt, kann es sogar so aussehen, als sei die Außerachtlassung dieser Zwänge der einzige Weg, auf dem man überleben könne.

Derartige moralische Konflikte hat es jedoch vermutlich immer schon gegeben. Was erklärt werden muß, ist die relative Unbekümmertheit, mit der diese äußeren Zwänge heute abgetan oder als unberechtigt hingestellt werden können. Während sich unsere Vorfahren, wenn sie einen ähnlichen Weg anmaßenden Handelns einschlugen, zweifellos eingestanden, daß sie unter dem unerschütterlichen Gefühl litten, etwas Böses zu tun oder zumindest eine legitime Ordnung zu mißachten, wirken viele unserer Zeitgenossen ganz unbesorgt, wenn sie zielstrebig ihrer Selbstentfaltung nachgehen.« (UM 67)

Die Vorherrschaft des Narzissmus hat zugleich drei Konsequenzen, die Taylor für äußerst problematisch hält: 1. Menschliche Beziehungen müssen gemäß dem Individualismus der Selbstverwirklichung der Entfaltung des eigenen Selbst unterstellt werden. Zwischen mir und dem anderen bleibt ein Verhältnis der Distanz. Der andere wird im Licht des Authentizitätsideals instrumentalisiert, insofern er als Hilfsmittel zur eigenen Erfüllung dient. Ich bediene mich seiner in einer »Art und Weise des Genießens« (UM 64).[30] 2. Zugleich verbindet sich der Individualismus der Selbstverwirklichung mit einem »Liberalismus der Neutralität« (UM 25), bei dem das Eintreten für ein moralisches Ideal untersagt ist. Denn jeder habe seine eigenen Werte, gegenüber denen Toleranz zu üben sei, so lange sie nur selbst gewählt sind. 3. Und dies wiederum hat eine »Bejahung der Wahl als solcher« (UM 47) zur Folge, die alle Alternativen vergleichgültigt, haben sie doch alle eine freie Wahl zur Voraussetzung. Die heute herrschende »Rhetorik der ›Andersheit‹, der ›Ungleichartigkeit‹ (ja des ›Multikulturellen‹)« (UM 47) steht deshalb im Mittelpunkt der Kultur der Authentizität.

Das Resultat dieses ganzen Strebens nach Selbstverwirklichung und Authentizität stellt sich als Verlust verbindlicher moralischer Normen und Werte dar, an deren Stelle ein moralischer Subjektivismus getreten ist, der zugleich – aus Mangel an vorgängiger Verbindlichkeit – zu sozialem Atomismus tendiert. Dennoch erscheint Taylor das Ideal der Authentizität, wie es heute von allen Seiten reklamiert wird, nicht als Symptom einer wachsenden Asozialität und moralischen Laxheit unserer Gesellschaften, vielmehr sieht er darin immer noch den wie auch immer zur Travestie verkommenen Ausdruck eines moralischen Ideals am Werk, dessen Gehalte allerdings in Vergessenheit geraten sind. Und wieder geht Taylor den Weg des Weder-Noch. Weder gehört er zu den uneingeschränkten Anhängern unserer Authentizitätskultur, noch lehnt er diese kategorisch ab – was »uns not tut, ist ein tätiges Wiedergewinnen, durch das uns dieses Ideal helfen kann, unsere Praxis wiederherzustellen« (UM 32).

Selbst in ihren heruntergekommensten, absurdesten und trivialsten Formen zehrt die Kultur der Authentizität von der romantischen Idee, seiner eigenen Originalität treu zu sein, die niemand außer man selbst auch ausfindig machen und artikulieren könne. Dem wiederum liegt die Vorstellung zugrunde, dass die Menschen selbst mit einem Sinn für das, was richtig und falsch ist, ausgestattet sind, sodass die Moral demgemäß mit einer »inneren Stimme« spricht. (Vgl. QS 207-354) Ein solches Ethos, wie es bei Rousseau und insbesondere auch bei Herder zu finden ist, ist fest verankert in der subjektiven Wende der neuzeitlichen Kultur, in der der Mensch sich als ein Wesen mit innerer Tiefe zu begreifen beginnt. Mit dieser Ausleuchtung der inneren Tiefe manifestiert sich erstmals so etwas wie eine eigene Identität, die nun nicht länger durch die soziale Stellung einer Person weitgehend festgelegt ist.

»Diese Idee ist ganz tief in das moderne Bewußtsein eingedrungen. [...] Vor dem ausgehenden achtzehnten Jahrhundert ist es niemand in den Sinn gekommen, den Unterschieden zwischen den Menschen käme diese Art von moralischer Bedeutung zu. Es gibt aber eine bestimmte Weise, Mensch zu sein, die *meine* Weise ist. Ich bin dazu aufgefordert, mein Leben in ebendieser Weise zu führen, ohne das Leben irgendeiner anderen Person nachzuahmen. Doch damit wird der Treue zu sich selbst neue Wichtigkeit verliehen. Wenn ich mir nicht treu bleibe, verfehle ich den Sinn meines Lebens, mir entgeht, was Menschsein für *mich* bedeutet.« (UM 38)

Aber das, was ich bin, entschlüsselt sich nicht durch eine Art monologischer Introspektion; vielmehr hängt meine Identität entscheidend von den dialogischen Beziehungen zu anderen ab. Die Verwirklichung des je eigenen Selbst setzt voraus, dass »außer dem Selbst noch ein paar andere Dinge wichtig sind, daß es einige Güter oder Zwecke gibt, deren Förderung für uns von Bedeutung ist und daher den Sinn stiften kann, der für ein erfüllendes Leben erforderlich ist« (QS 876). Selbstverwirklichung ist deshalb bei Taylor emphatisch im Sinne von Selbsterfüllung gedacht, anderenfalls würde sie in Richtung völliger Gehalt- und Bedeutungslosigkeit versanden.

»Daß ich mich selbst definiere, heißt soviel wie: daß ich herausfinde, was an meinem Unterschied gegenüber anderen bedeutungsvoll ist. Es mag sein, daß ich der einzige bin, der genau 3732 Haare auf dem Kopf hat, oder daß ich genauso groß bin wie ein bestimmter Baum in der sibirischen Ebene, aber was heißt das schon? Erst wenn ich sage, daß ich mich zur Selbstdefinition auf meine Fähigkeit beziehe, wichtige Wahrheiten zu artikulieren, die Hammerklaviersonate wie kein anderer zu spielen oder die Tradition meiner Vorfahren wiederzubeleben, befinden wir uns im Bereich der als solche erkennbaren Selbstdefinitionen.« (UM 45)

Authentizität ist Taylor zufolge also immer an eine Inhaltlichkeit gebunden, an einen Horizont, auf dem Urteile über Wichtiges und weniger Wichtiges, Wertvolles und Wertloses bereits aufgespannt sind. Die Identität eines Menschen bildet sich, wie wir bereits in Taylors Aufsatz über menschliches Handeln gesehen haben, inmitten von »starken Wertungen«. Dieses Faktum kann ich nicht überspringen, indem ich im Namen des Werterelativismus beschließe, die bedeutsamste Handlung sei nunmehr, »in warmem Schlamm mit den Zehen zu wackeln« (UM 46). Jemand, der behaupten würde, sich in einer solch sinnlosen Aktion selbst zu verwirklichen, bliebe unverständlich und missachtet. Werte sind deshalb nicht in die Willkür meiner Individualität gestellt, sondern nur innerhalb eines gemeinschaftlichen Horizonts verständlich. Gerade indem diese Bedeutungsdimension ignoriert und um der Authentizität willen das Recht zur Wahl zwischen verschiedenen Alternativen betont wird, wird laut Taylor die existenzielle Dimension des Menschen verfehlt. Die Idee der Entscheidung für ein bestimmtes Leben sei nur dann sinnvoll, wenn und weil es Streitfragen gibt, die mehr oder weniger Bedeutung haben als andere, anderenfalls würde das ganze Ideal trivial. Der heutige Kult um die Authentizität stecke in einem solchen Sumpf des Trivialen, doch liege das an dem Vergessen ihrer wirklichen Gehalte. Hinter den heute verflachten und selbstbezogenen Ideen der Authentizität verbirgt sich also eine ethische Tiefe, die Chancen statt Verunmöglichungen des Sozialen bietet.

Die Dominanz der instrumentellen Vernunft und des technischen Denkens

Mit der Moderne wird die Welt säkularisiert. Die gesellschaftlichen Institutionen und Praktiken werden nicht mehr durch die Ordnung der Dinge oder einen göttlichen Willen bestimmt, vielmehr wird die Welt entzaubert und damit frei verfügbar für menschliche Interessen und Zwecke. Keine höhere Ordnung steht ihrer Umgestaltung im Hinblick auf solche Interessen und Zwecke mehr im Wege. Dasselbe gilt für die Geschöpfe der Umwelt: Auch sie können als Rohstoffe oder Werkzeuge für die Vorhaben des Menschen in Dienst genommen werden. Leitbild für den Umgang mit der Welt ist nun die »instrumentelle Vernunft«, jene Art von Rationalität, »auf die wir uns stützen, wenn wir die ökonomischste Anwendung der Mittel zu einem gegebenen Zweck berechnen. Das Maß des Erfolgs ist hierbei die maximale Effizienz, also das günstigste Verhältnis zwischen Kosten und Produktivität.« (UM 11) Das mathematische, kalkulierende Denken ist paradigmatisch für neuzeitliche Rationalität, es hat in unserer Gesellschaft große Überzeugungskraft. Das menschliche Denken wird nach dem Vorbild des Digitalrechners aufgefasst und zugleich stellt sich mit dem desengagierten Zugriff auf die Dinge ein Gefühl der Macht ein, sodass die Plausibilität von Atomismus und Instrumentalismus ungebrochen scheint.

Auch um diese Vorherrschaft der instrumentellen Vernunft gibt es – analog zu der Diskussion um das Pro und Kontra von Individualismus und Authentizitätsstreben – eine polarisierte Auseinandersetzung. Denn neben die rückhaltlosen Verfechter der instrumentellen Vernunft, die für alle menschlichen Probleme technisch machbare Patentrezepte entwickeln, treten jene ebenso radikalen Kritiker der technischen Zivilisation, die auf deren dunkle Kehrseite hinweisen. Die Vorherrschaft des Instrumentalismus hat die Welt zur Plünderung freigegeben. Die strikte Einengung der Vernunft auf Kosten-Nutzen-Analysen hat den Raum für ethische und politische Diskurse entschieden ausgehöhlt. Sie hat die Planungslogik gegenüber Zielen blind gemacht, die nicht der Sphäre ökonomischer Vorteile angehören. Ökologische Erfordernisse werden im Namen der Marktgesetze ignoriert, ungleiche Besitz- und Einkommensverhältnisse mit diesen Gründen gerechtfertigt. Und in anderen Gebieten, wie etwa dem der Medizin, werden Menschen einzig als »Fixpunkt eines technischen Problems«, nicht aber als »ganze Person mit eigener Lebensgeschichte behandelt« (UM 12).

Die dominierende Stellung der Technik habe insofern zur »Verengung und Verflachung unseres Lebens beigetragen«, als in »unserer menschlichen Umwelt [...] ein Verlust an Resonanz, Tiefe oder Fülle eingetreten« sei, ganz so, wie Marx es schon vor 150 Jahren ausgedrückt hat, als er im *Kommunistischen Manifest* schrieb, dass es zu den Resultaten der kapitalistischen Entwicklung gehöre, dass »alles Ständische und Stehende verdampft« (zit. nach: UM 13). Zugleich ist es zu einer Verselbstständigung der technischen Vernunft gegenüber anderen Prinzipien gekommen. Instrumentalismus und Effizienzdenken sind aus unseren hoch komplexen Gesellschaften nicht mehr wegzudenken. So sprach schon Max Weber zu Beginn des 20. Jahrhunderts von der Hermetik technischer Sachzwänge in unserer Gesellschaft, vom »stahlharten Gehäuse«. Angesichts der um sich greifenden instrumentellen Vernunft kommt es zu einem »Verschwinden der Zwecke« (UM 17); sie nötigt uns, ihren Anforderungen gemäß zu handeln, »im öffentlichen wie im privaten Bereich, in der Wirtschaft wie im Staat« (UM 109).

Im Gegensatz zu anderen romantisch inspirierten Technikkritiken, die eine radikale Umkehr fordern – man denke etwa an Martin Heideggers »Kehre« –, verweist Taylor mit Recht darauf, dass die instrumentelle Vernunft nicht allein »von der Kraft einer bestimmten moralischen Einstellung abhängig« (UM 109) ist. Es gibt in fortgeschrittenen Industriegesellschaften wie der unseren einen pragmatischen Zwang zur Effizienz, sei sie ökonomisch oder technologisch, sodass wir dem Instrumentalismus einen bedeutenden Platz einräumen müssen.

»In einer Gesellschaft, deren Volkswirtschaft weitgehend durch Marktkräfte geprägt ist, müssen z.B. alle Wirtschaftssubjekte der Effizienz eine wichtige Stellung einräumen, um zu überleben. In einer umfassenden und komplexen technischen Gesellschaft wie auch in den sie bildenden Großeinheiten (Firmen, öffentlichen Einrichtungen und Interessengruppen) müssen die allgemeinen Angelegenheiten in gewissem Maße nach den Grundsätzen bürokratischer Rationalität geregelt werden, damit ihre Verwaltung überhaupt gelingt. Gleichviel, ob wir unsere Gesellschaft den von einer ›unsichtbaren Hand‹ gesteuerten Mechanismen marktwirtschaftlichen Typs überlassen oder sie kollektiv zu lenken versuchen, wir sind gezwungen, in gewissem Grade gemäß den Forderungen der modernen Rationalität vorzugehen, einerlei, ob das mit unserer moralischen Einstellung in Einklang steht oder nicht. Die einzige Alternative ist anscheinend eine Art von innerem Exil, so etwas wie Selbstmarginalisierung.« (UM 109)

Trotz solcher Analysen teilt Taylor nicht den Pessimismus jener, die uns in ein Universum der Zweckrationalität eingesperrt sehen. Zwar warnt er vor dem »Gefälle in den Dingen, durch das man nur allzu leicht ins Rutschen geraten kann«, doch »die Anzahl der Freiheitsgrade ist nicht gleich Null« (UM 113). Auch die instrumentelle Vernunft sowie die damit verbundene überentwickelte »libido dominandi« speisen sich aus moralischen Quellen, die wieder ins Bewusstsein gerufen werden müssen. Denn sie wurzeln nur zum einen in der Idee der desengagierten

Vernunft, die dem Ideal des selbst verantwortlichen, sich selbst steuernden Denkens und damit einem Ideal der Freiheit entstammt. Die instrumentelle Vernunft ist auf der anderen Seite ebenso eine Konsequenz der Bejahung des gewöhnlichen Lebens, da eine allgemeine Verbesserung von Lebensumständen sowie die Linderung von Leiden mittels einer technischen, auf Effizienz und Leistungsfähigkeit bedachten Vernunft eher zu erreichen waren als mit den überlieferten aristotelischen Wissenschaften. Diese erkenntnistheoretische und moralische Schubkraft, die Lage der Menschheit verbessern zu wollen, begleitet uns noch heute. Auch in der Gegenwart wird Technik im Dienst der Menschheit eingesetzt, »setzen wir z.B. gewaltige internationale Kampagnen ins Werk, um Hungerhilfe zu leisten oder den Opfern von Flutkatastrophen beizustehen« (UM 117). Allgemeine Solidarität wird etwa beim aktiven Eingreifen in die Natur geübt, weil wir Naturkatastrophen nicht als unabänderlich oder gottgegeben akzeptieren.

Im Gewahrwerden solcher moralischen Motive hofft Taylor den Rahmen für technisches Handeln zu verändern, sodass dieses nicht mehr nur als Instrument der Bemächtigung erscheint, sondern ebenso aus dem Horizont einer »Ethik praktischen Wohlwollens« (UM 119) gegenüber leibhaftigen Menschen eine Art Selbstbegrenzung erfährt, eine Begrenzung freilich, von der Taylor selbst sagt, dass sie auch institutionell verankert werden müsse, um wirksam zu werden. Ihm geht es um einen »Alternativrahmen« für die Technik, in dem das Technische, durchaus mit Anklängen an Heideggers Technikkritik, nicht bloß technisch bewältigt werden soll, sondern mit Blick auf seinen Sinn.

»Die Frage, die ich hier im Hinblick auf alternative Formen der Rahmengebung formuliere, wird mitunter auch in bezug auf die Möglichkeiten der Steuerung gestellt: Geht die Technik mit uns durch, oder steuern wir sie und machen sie unseren Zwecken nutzbar? Das Problematische dieser Formulierung sollte jedem einleuchten. Sie bleibt völlig innerhalb des Rahmens der Herrschaft und zieht eine ganz andersartige Stellung der Technik in unserem Leben gar nicht in Betracht. Der Technik Herr werden heißt implizit, daß man eine instrumentelle Haltung zu ihr einnimmt, wie wir sie ja schon durch die Technik selbst zu allem Übrigen einnehmen. Damit wird keine Möglichkeit geschaffen, die Technik in eine nichtinstrumentelle Haltung einzubringen, wie sie etwa an einer Ethik der Fürsorge oder einer Kultivierung unserer Fähigkeit des reinen Denkens sichtbar wird.« (UM 120, Anm. 4)

Angesichts der Verhärtung der Positionen, ob aufseiten der Technikverfechter oder ihrer Verächter, fordert Taylor dazu auf, miteinander ins Gespräch zu kommen, eine Auseinandersetzung miteinander zu führen, die, wie er realistisch einschätzt, »ein Schauplatz wahrscheinlich unaufhörlichen Ringens« (UM 121) würde.

Negative Freiheit

Im Rahmen seiner Beschäftigung mit dem heutigen Ideal der Authentizität hat Taylor bereits auf die in seinen Augen verkürzte »Bejahung der Wahl als solcher« hingewiesen. Diese habe eine Vergleichgültigung aller Alternativen zur Folge, sodass innerhalb eines »Liberalismus der Neutralität« keine Auseinandersetzung über die Bedeutung und den Wert jeweils subjektiver Entscheidungen, Lebensformen oder unterschiedlicher Kulturen stattfindet. Zugrunde liegt diesem permissiven Liberalismus eine ins Extrem getriebene Vorstellung von Freiheit als konsequenter Selbstbestimmung. Denn »wenn der Gedanke der Freiheit durch Selbstbestimmung ganz ausgereizt wird, anerkennt er überhaupt keine Grenzen, und es gibt nichts mehr, was ich bei der selbstbestimmten Wahl respektieren *muß*« (UM 79). Alles wird buchstäblich gleich-gültig, das bedeutet aber auch: Nichts hat damit noch einen besonderen Wert. Laut Taylor entzieht sich die Gesellschaft damit ihre eigenen Grundlagen. »In einer flach gewordenen Welt, in der der Bedeutungshorizont verblaßt, übt das Ideal der Freiheit durch Selbstbestimmung nach und nach immer stärkere Anziehungskraft aus. Es sieht so aus, als könne der Sinn durch die bloße Wahl gestiftet werden, also dadurch, daß ich mein Leben zu einer Übung in Freiheit mache, wenn auch sonst alle übrigen Quellen versiegen.« (UM 81)

Eng mit solchen Überlegungen verbunden ist Taylors Kritik einer Freiheit, die rein negativ bestimmt ist. Damit grenzt er sich von der Definition seines Freundes und Lehrers Isaiah Berlin ab, der unter Freiheit einzig die Abwesenheit von Zwang, die Unabhängigkeit des Individuums von der Einmischung anderer verstehen wollte.[31] Er machte damit Anleihen bei Kant, der Freiheit als »Unabhängigkeit von eines anderen nötigender Willkür« verstand. Als gefährlich stufte Berlin hingegen alle Arten von Freiheit ein, die Freiheit in den Dienst eines höheren Zwecks stellen wollen – sei es der Vernunft, sei es einer gerechten Gesellschaft. Deshalb kritisierte Berlin auch sämtliche Formen des politischen Denkens, bei denen Freiheit ihr Maß an einem ihr fremden Ideal findet und der Einzelne gewissermaßen zu seinem Besten gezwungen wird. Jede Instrumentalisierung des Freiheitsbegriffs für eine andere Sache komme einer heimlichen Form der Tyrannei gleich. Freiheit sei nicht in Dienst zu nehmen, sie sei nichts als eben Freiheit. Dies schließe ein, dass jeder im Rahmen der bestehenden Gesetze einfach das tun kann, was ihm gerade in den Sinn kommt. Und das auch, wenn dies impliziere, etwas völlig Unvernünftiges zu tun oder zu wollen.

Für Taylor sind Berlins Ideen einer negativen Freiheit von der Furcht vor einer totalitären Bedrohung getragen, wie sie manchen Vorstellungen einer positiven Freiheit anhaftet. Dazu gehören etwa Rousseaus »volonté générale«, der allgemeine Wille, dem die individuelle Freiheit unterstellt ist, oder die marxsche Theorie, der zufolge wahre Freiheit erst in der klassenlosen Gesellschaft zu erreichen ist. Taylor sieht die Gefahr des Totalitarismus bei solchen Konzeptionen der positiven Freiheit ebenfalls, versucht aber zugleich nachzuweisen, dass die negative Freiheitsidee, wie Berlin sie entwickelt, nicht die einzig mögliche Konsequenz ist, um der Gefahr zu entgehen. Vielmehr hält er Berlins Konzeption für verkürzt, wie er insbesondere in seinem Aufsatz *Der Irrtum der negativen Freiheit* (NF 118-144) deutlich macht. Denn Berlins Idee der negativen Freiheit eröffnet allein die Möglichkeit der freien Entfaltung des Einzelnen, unabhängig davon, ob der Einzelne diese Option wahrnimmt. Freiheit als bloße Möglichkeit erscheint Taylor allerdings ungenügend. Damit jemand wirklich frei ist, muss er diese Freiheit auch bis zu einem gewissen Grad realisieren. »Wenn wir in der Ausübung bestimmter Fähigkeiten frei sind, dann sind wir unfrei oder weniger frei, wenn diese Fähigkeiten auf eine bestimmte Weise nicht verwirklicht oder blockiert sind.« (NF 124) Frei ist demzufolge das Individuum erst dann, wenn es tatsächlich über sich selbst und die Form seines Lebens bestimmt, wenn seine Freiheit nicht nur ermöglicht, sondern verwirklicht ist.

Seinen Begriff der positiven Freiheit untermauert Taylor mit der nachromantischen Idee, dass »jede Person ihre eigene, originäre Form der Selbstverwirklichung besitzt, die sie jeweils nur unabhängig entfalten kann« (NF 120). Dieses Ideal der Selbstverwirklichung ist für Taylor eines der mächtigsten Motive der modernen Verteidigung der Freiheit, das in Berlins Freiheitskonzeption jedoch einfach übersprungen wird. Denn in dem Augenblick, wo wir Selbstverwirklichung für einen unverzichtbaren Wert unseres Lebens halten, »kann die Fähigkeit, das zu tun, was immer wir gerade wollen, nicht länger als hinreichende Bedingung von Freiheit akzeptiert werden« (NF 124). Zugleich muss nämlich sichergestellt sein, dass »das, was wir gerade wollen, nicht unseren grundlegenden Zielen oder unserer Selbstverwirklichung zuwiderläuft« (NF 125), wie es etwa der Fall ist, wenn unser Wollen durch Furcht oder zwanghaft verinnerlichte Normen motiviert wird. Damit ist für Taylor klar, dass das Subjekt »nicht die oberste Autorität sein [kann] in der Frage, ob seine Bedürfnisse authentisch sind oder nicht, ob sie seine Zwecke zunichte machen oder nicht« (NF 124).

Keineswegs aber will Taylor aus einer solchen Einsicht eine paternalistische Konsequenz ziehen. Keine übergeordnete Instanz darf qua Doktrin oder Technik versuchen, uns aufs rechte Gleis zu bringen, weil damit dem Totalitären, wie es bestimmten Modellen der positiven Freiheit innewohnt, Tür und Tor geöffnet wäre. Er versucht vielmehr zu zeigen, dass die Idee einer positiven Freiheit, die das Ideal der Selbstverwirklichung zu ihrem Richtmaß nimmt, auch und gerade ohne Zuflucht zum Autoritären möglich ist. Zu diesem Zweck untergliedert Taylor den Schritt von der negativen zur positiven Freiheitskonzeption. Zunächst einmal setzt er Freiheit nämlich positiv gleich mit dem Tun dessen, was wir wirklich wollen, ohne zugleich zu unterstellen, dass dies eine bestimmte Gesellschaftsdoktrin voraussetze. Sodann versucht er zu zeigen, dass Berlins Auffassung einer Freiheit, die von jeder qualitativen Unterscheidung der Ziele und Motive absieht, zur Selbstwidersprüchlichkeit führt.

Denn zunächst einmal ist, wenn wir von Freiheit sprechen, immer schon eine gewisse Bedeutsamkeit vorausgesetzt. So scheint uns die Einschränkung unserer Freiheit durch das Aufstellen einer neuen Verkehrsampel unerheblich im Gegensatz etwa zur Einschränkung der Religions- oder Meinungsfreiheit. Wir fällen also Relevanzurteile und gestehen zu, dass nicht alle

Möglichkeiten gleichwertig sind. Das gilt noch mehr für unsere inneren Empfindungen. Mancher aktuellen Bequemlichkeit messen wir weniger Bedeutung zu als der Erfüllung einer lebenslangen Berufung, Eigenliebe scheint uns weniger wichtig als eine erfüllte Liebesbeziehung. Dem weniger Wichtigen zu folgen ist dann gerade kein Beweis unserer Freiheit, sondern ein Hindernis für unsere Freiheit, beispielsweise wenn ich mir durch mein Bedürfnis, lange zu schlafen, und meine daraus resultierende Tendenz zur Unpünktlichkeit berufliche Möglichkeiten verbaue. Freiheit kann daher Taylor zufolge nicht allein, wie Isaiah Berlin es wollte, die Abwesenheit äußerer Hemmnisse sein, da es auch innere Hemmnisse geben kann, durch die der Mensch seine Freiheit verhindert. »Ein Mensch, der durch seinen Groll unwillkürlich dazu getrieben wird, seine wichtigsten Beziehungen zu gefährden, oder der durch seine unvernünftige Furcht daran gehindert wird, die Laufbahn einzuschlagen, die er wirklich anstrebt, der wird nicht wirklich freier, wenn man die äußeren Hindernisse für die Entladung seines Grolls oder das Ausleben seiner Furcht beseitigt.« (NF 142)

Das Problem der Freiheit wird noch komplizierter, wenn man bedenkt, dass in manchen Fällen sogar das, was ein Mensch am meisten will, in krassem Gegensatz zu dem stehen kann, was seine Freiheit ausmacht. Groll, Angstgefühle, ein allzu großer Hang zur Bequemlichkeit können mein unmittelbares Wollen in einer Weise bestimmen, dass sie zur Fessel werden und mich in meinen freien Möglichkeiten behindern. Freiheit ist insofern nicht einfach dann gegeben, wenn ich meinen unmittelbaren Empfindungen nachgebe, sondern unterliegt »starken Wertungen«. Also ist die Idee der negativen Freiheit, der zufolge das unmittelbare Gefühl das grundlegende Faktum ist, von dem man ausgehen muss, und jede Beschränkung dieses unmittelbaren Gefühls einer Einschränkung der eigenen Willkürfreiheit gleichkommt, ebenso wenig zu halten wie die These, dass nur äußere Zwänge die Freiheit des Einzelnen beschränken.

Es kann durchaus sein, dass das Subjekt selbst seine inneren Hemmnisse gar nicht adäquat zu ermessen vermag, denn das Subjekt kann sich durchaus über das, was es wirklich will, irren. Es gibt Fehleinschätzungen, Illusionen, Selbsttäuschungen, die von außen deutlich erkannt werden, vom Handelnden selbst aber nicht entdeckt werden. Beispiele völlig verzerrter Wahrnehmung über grundlegende Ziele sind Taylor zufolge etwa Andreas Baader oder der Mörder von Sharon Tate, Charles Manson. Wie können wir, wenn wir solche Extremfälle zugeben, ausschließen, dass »der überwiegende Teil der Menschheit in einem geringeren Grade an der gleichen Unfähigkeit leidet?« (NF 141) Also ist das Individuum nicht zwangsläufig der oberste Richter über seine Wünsche und über die Verwirklichung seiner Freiheit. Insofern ist auch eine Außenbeurteilung des Subjekts erlaubt, ja manchmal geradezu erforderlich, sodass die Definition der negativen Freiheit als Unabhängigkeit des Einzelnen vom Urteil anderer hinfällig wird.

Wir können demnach »weder die Nichtkorrigierbarkeit der Urteile des Subjekts über seine Freiheit aufrechterhalten, noch können wir [...] jede Außenbeurteilung ausschließen« (NF 143). Für Taylor bedeutet das, dass die Konzeption der Freiheit als bloße Möglichkeit zumindest dahingehend revidiert werden muss, dass sie positiv als Fähigkeit erscheint, »meine Zwecke zu verwirklichen«, und »um so größer ist, je bedeutsamer die Ziele sind« (NF 144).

Doch wenn Taylor Recht damit hat, dass es einen Unterschied macht, ob jemand seine Freiheit dazu nutzt, seine Tage zu verschlafen oder sich beruflich zu verwirklichen – wer soll die Entscheidung darüber treffen, wo die Grenze zwischen wertvollem und wertlosem Gebrauch der Freiheit verläuft oder was einem Subjekt zur individuellen Selbstverwirklichung dient und wo seine Wege in einer Sackgasse münden? Obwohl manchmal von außen deutlich wird, wie sehr sich ein Individuum mit dem Durchsetzen seiner unmittelbaren Wünsche möglicherweise langfristig selbst behindert, so bleibt es doch der Verantwortlichkeit eines jeden überlassen, welchem Lebensweg er folgen will. Es gibt – außerhalb der bestehenden, die Gesellschaft schützenden Gesetze – keine Instanz, die Werte für einen anderen verbindlich festlegen und am Ende auch noch durchsetzen könnte. Dies käme einer Entmündigung des Einzelnen gleich. Freiheit ist eben dennoch nichts als Freiheit, sie ist das Einräumen einer Möglichkeit, die der Einzelne verwirklichen mag oder nicht – dies ist eine Sache seiner eigenen Verantwortung.[32]

Fragmentierung der Gesellschaft

Wenngleich es gerade die Moderne ist, die die politischen und persönlichen Freiheitsrechte erkämpfte, so führen Taylor zufolge die oben beschriebenen Realitäten, die gesellschaftlichen Gewissheiten und Ideale unserer Zeit paradoxerweise zu einer Einschränkung von Freiheit. Am sinnfälligsten lässt sich das wohl anhand der Vormachtstellung der instrumentellen Vernunft zeigen: Die Strukturen unserer industriell und technisch ausgerichteten Gesellschaft nötigen sowohl die Gesellschaft als auch Einzelpersonen dazu, »der instrumentellen Vernunft ein Gewicht beizumessen, das wir ihr bei ernsten moralischen Beratungen niemals zubilligen würden und das sich sogar überaus schädlich auswirken kann« (UM 15). Man denke etwa an die lebensbedrohenden Gefahren, die durch die Zerstörung der Ozonschicht oder die Zunahme des Individualverkehrs gegeben und unter der Herrschaft der technischen Rationalität kaum abzuwenden sind.

Doch das Hauptaugenmerk Taylors gilt dem Verlust an politischer Freiheit, der Entfremdung von der Sphäre des Öffentlichen, wie er durch die Atomisierung der selbstbezogenen Individuen zu entstehen droht. Von vielen Theoretikern wird die Analyse Alexis de Tocquevilles als geradezu prophetisch aufgefasst, der eine gefährliche Depolitisierung voraussah, die mit der Verwirklichung des Individualismus Hand in Hand gehe. Denn eine »Gesellschaft, in der die Menschen schließlich zu Individuen werden, die ›in die Einsamkeit ihres eigenen Herzens eingesperrt sind‹, ist so beschaffen, daß nur wenige den Wunsch haben werden, sich aktiv an der Selbstregulierung zu beteiligen. Sie werden lieber zu Hause bleiben und die Genugtuungen ihres Privatlebens genießen, solange die jeweils herrschende Regierung die für diese Genugtuungen erforderlichen Mittel hervorbringt und sie umfassend verteilt.« (UM 16) Tocqueville sah als Konsequenz gar eine neue, spezifisch moderne Form des »milden Despotismus« heraufziehen, wobei es sich nicht um die Schreckensregime früherer Zeiten handeln werde, sondern eher um eine extrem bevormundende Macht seitens des Staates, dem sich der Bürger ohnmächtig gegenüber sehe. Allerdings räumt Taylor ein, dass die modernen Gesellschaften weit entfernt von einer solchen sanften Despotie seien. Stattdessen schleiche sich jedoch eine Fragmentierung der Gesellschaft ein, die darin bestehe, dass »ein Volk immer weniger imstande ist, sich einen gemeinsamen Zweck zu setzen und diesen zu erfüllen. Zur Fragmentierung kommt es, wenn sich die Menschen in immer höherem Maße atomistisch sehen und immer weniger spüren, daß sie durch gemeinsame Vorhaben und Loyalitäten an ihre Mitbürger gebunden sind.« (UM 125 f.) Gesellschaftliche Prozesse werden undurchsichtig, die öffentlichen Angelegenheiten scheinen von der anonymen Herrschaft eines »Man« gezeichnet zu sein.

»Wenn wir uns selbst als Spielzeug bewußtloser, unpersönlicher Kräfte betrachten oder, schlimmer noch, als Opfer einer Faszination durch bloße Dinge – und dies in genau den Praktiken, die unsere Identität und unsere Konzeption des Guten tragen sollten –, dann müssen wir alles Vertrauen in diese Praktiken verlieren. Wir sind von einer gewissen Anomie bedroht, in der wir den Glauben an die unser soziales Leben regierenden Normen verlieren, aber keine Wahl haben, als dennoch mit ihnen zu leben. Dies ist eine Krise der Bindung an unsere Gesellschaft.« (NF 284)

Ein Zeichen eines solchen Mangels an Identifikation mit den gesellschaftlichen Institutionen und Praktiken ist die Verkümmerung demokratischer Aktivitäten zur Durchsetzung sinnvoller gesellschaftlicher Maßnahmen. Stattdessen werde demokratische Praxis, wie Taylor am Beispiel der Vereinigten Staaten zeigt, auf den Schutz und die Durchsetzung von Rechten reduziert. Bürgerwürde als die Fähigkeit von Bürgern, etwas zu bewirken, bedeutet dann vor allem, die eigenen individuellen Rechte einzuklagen und dabei die Gleichbehandlung sicherzustellen. (Vgl. LK 126) Politik sowie staatliche Institutionen erscheinen als etwas Äußerliches, dem gegenüber man seine Ansprüche behaupten muss, doch keinesfalls als Bestandteile eines gemeinsamen Projektes, das mitzugestalten und für das Verantwortung zu übernehmen man verpflichtet ist. Taylor räumt allerdings ein, dass es durchaus Gemeinschaftsprojekte in unseren Gesellschaften gibt, etwa von ethnischen Minderheiten, lokalen Gemeinschaften oder Vertretern bestimmter Interessen. Und man könnte m.E. mit guten Gründen fragen, ob nicht jene vielfältigen Bürger- und Interesseninitiativen, jene Selbsthilfegruppen und Minderheitenorganisationen gerade Ausdruck eines lebendigen demokratischen Gemeinwesens seien. Gegenstimmen zu der kommunitaristischen Klage über das verkümmernde Gemeinwesen, die einen Anstieg an politischem Engagement konstatieren, sind in den letzten Jahren auch in Deutschland verstärkt erhoben worden. Ulrich Beck beispielsweise diagnostiziert jenseits der formalen Zuständigkeiten und Hierarchien in Parteien und staatlichen Gremien eine Renaissance der »politischen Subjektivität«, die sich in Bürgerinitiativen, in ökologischen Gruppen, Minderheitenbewegungen oder Selbsthilfegruppen Gehör verschafft. Allerdings sei Politik weder länger mit Staat noch mit politischem System gleichzusetzen. Dem Versanden jener traditionellen Art der Politik entspreche eine Aktivierung der »Subpolitik«, ein »widerspruchsvolles Vielengagement«, jenseits der traditionellen Koordinaten wie »rechts-links« oder »konservativ-sozialistisch«[33]. Doch für Taylor wie auch für andere kommunitaristische Sozialphilosophen reicht das nicht aus. Politisches Handeln müsse mehr als ein bloß unübersichtlich-pluralistisches, individuell motiviertes Agieren sein, vielmehr müsse dieses zugleich in der Gemeinschaft aufgehoben sein. Nach Amitai Etzioni verfügen »Gemeinschaften [...] über eine Stimme der Moral, die der Stimme des Ich von außen entgegentritt und die dazu dient, die innere Stimme der Mitglieder zu bestärken«[34]. Es geht also um ein kollektives Handeln der Bürger einer bestimmten Gemeinschaft, die sich ihrer moralischen Grundsätze bewusst sind und darauf aufbauend ein moralisches Gewissen entwickeln. Lebendige Demokratie setzt nicht nur eine Stellungnahme gegenüber einzelnen Projekten, sondern die Loyalität der und das Engagement für die Gesamtgesellschaft voraus, da nur so eine wirkungsvolle Einflussnahme auf politische Institutionen möglich scheint.

Wie viel Gemeinschaft braucht die Demokratie?

In unseren unüberschaubar gewordenen Gegenwartsgesellschaften scheint der Begriff »community«, der, insbesondere für deutsche Ohren, Anklänge an geordnete, übersichtliche, möglicherweise religiös gefärbte Gemeinschaften hat, anachronistisch. Dennoch ist dieser Begriff zentral für die politische wie sozialphilosophische Bewegung der Kommunitaristen, denn Gemeinschaft scheint ihnen geradezu die Voraussetzung für ein lebensfähiges, demokratisches Gemeinwesen. Die Frage »Wie viel Gemeinschaft braucht die Demokratie?«, die Taylor in einem gleichnamigen Aufsatz zu beantworten versucht, zielt auf einen der wesentlichen Streitpunkte zwischen den so genannten liberalistischen Theorien, die eine prozeduralistische Ethik vertreten, und den kommunitaristischen Ideen, die in den prozeduralistischen Ethiken eine moralische Verarmung und zugleich eine Verschleierung ihrer moralischen Güter sehen. Dahinter verbergen sich zwei verschiedene Auffassungen von dem, was eine funktionierende Gesellschaft ausmacht. Die Grundposition liberaler Theorien lautet, dass jeder das glauben kann, was er will, und leben kann, wie er will, solange sichergestellt ist, dass einem jeden die gleichen Rechte und Chancen gewährt sind. Ihr Votum gilt der Gerechtigkeit, während die Kommunitaristen – Charles Taylor eingeschlossen – Fragen des Guten (des guten Lebens, der guten Gesellschaft) im Diskurs der praktischen Vernunft eingeschlossen sehen möchten. »Hier geht es um ein Spektrum von Positionen, die am einen Ende individuellen Rechten und Freiheit den Vorrang geben und am anderen dem Gemeinschaftsleben oder dem kollektiven Gut Priorität zuweisen.« Die Liberalen glauben, dass »der Staat gegenüber Konzeptionen des guten Lebens, die Individuen verfolgen, neutral sein sollte«, ihre Gegner hingegen sind überzeugt davon, dass »eine demokratische Gesellschaft eine allgemein anerkannte Definition des guten Lebens benötigt – ein Standpunkt, den ich im folgenden verteidigen werde« (LK 104).

Bei solchen Ideen greift Taylor, ähnlich wie andere dem Kommunitarismus nahe stehende Intellektuelle, auf ein Menschenbild zurück, das bereits bei Aristoteles entwickelt wurde. Im Gegensatz zu den neuzeitlichen prozeduralen Ethiken wurde die praktische Vernunft von den antiken Philosophen inhaltlich verstanden. Anders gesagt: Während der Liberalismus von der Idee eines freien, unabhängigen Subjekts ausgeht – von Taylor als eine atomistische Konstruktion bezeichnet –, stützt dieser sich auf die aristotelische Wesensbestimmung des Menschen als eines Zoon politikon, was zugleich erhebliche Konsequenzen für den Bereich der Moral und der politischen Philosophie hat. Denn im Gegensatz zu einem atomistischen Menschenbild, das zunehmend das »Bewußtsein von und den Glauben an die republikanische Dimension unserer Gesellschaft dahinschwinden« (NF 184) lässt, setzt eine soziale Konzeption des Menschen voraus, dass »eine wesentliche, konstitutive Bedingung des Strebens nach dem menschlichen Guten mit der gesellschaftlichen Existenzweise des Menschen verknüpft ist« (NF 150). Taylors These ist, dass jedes Gemeinwesen der Rückversicherung in einer gemeinsamen Vorstellung des Guten bedarf. Ohne solche gemeinschaftlichen Werte sterbe die demokratische Praxis aus und nur im Horizont solcher Werte bringen die Subjekte hinreichend Engagement und Partizipationsbereitschaft auf, um ihr Gemeinwesen am Leben zu erhalten.

Um seine eigene Position zu verdeutlichen, stellt Taylor in seinem Aufsatz *Wieviel Gemeinschaft braucht die Demokratie?* die beiden konkurrierenden Modelle neuzeitlichen Demokratieverständnisses vor. Fairness und Gerechtigkeit sind für John Rawls, einen der führenden politischen Philosophen unserer Zeit – an dessen Thesen sich die sozialphilosophische Kritik der kommunitaristischen Theoretiker entzündete –, die Kernpunkte einer funktionierenden demokratischen Gesellschaft. Die Wurzeln eines solchen Denkens, das Gerechtigkeit als Stärke eines demokratischen Systems fasst, lassen sich bis zu den Demokratietheorien Schumpeters, Lockes und Hobbes' zurückführen. Der Wunsch eines jeden gilt darin gleich viel, sodass jeder das Recht zur Verwirklichung seiner eigenen Lebenspläne in Anspruch nimmt. Die Regierungen, die durch regelmäßige Wahlen vom Volk bestätigt oder abgelöst werden, dienen dann gewissermaßen als Instrument der Durchsetzung individueller Zielsetzungen.

Dieses Modell der Demokratie allerdings erscheint Taylor unzureichend, weil eine Demokratie, die sich allein um die Durchsetzung individueller Rechte und die Verteidigung einer inhaltsleeren Freiheit rankt, verarmt. Sie führt zu einer fragmentierten, atomistischen Gesellschaft, in der ein »Liberalismus der Neutralität« herrscht, der Moral in das subjektive Ermessen des Einzelnen stellt. Jede freie Gesellschaftsform bedürfe dagegen »einer starken Identifikation von seiten ihrer Bürger« (GD 9). Diese müssen ein aktives Engagement für die demokratischen Institutionen entwickeln, einen starken Sinn für die Zugehörigkeit zu ihrem Gemeinwesen, was nicht nur das Insistieren auf Rechten, sondern ebenso die Übernahme von Pflichten beinhaltet. Deshalb können in einer funktionierenden Demokratie »nicht alle Zielsetzungen individuell sein bzw. gemeinsame Ziele nicht schlicht deren Konvergenzprodukt. An einem Gemeingut zumindest muß unbedingt festgehalten werden: Die Existenz des Gemeinwesens als solches samt seinen Gesetzen muß ein Gut darstellen, das respektiert und gepflegt wird.« (GD 9)

Die Gesellschaftstheorien, die bei Rousseau ihren Ausgang nehmen und die eher gemeinschaftsorientiert sind, sind freilich ebenso unzulänglich. Rousseaus Idee eines Gemeinwillens (volonté générale), in dem sich der Wille aller innerhalb einer sich selbst regierenden Gesellschaft manifestiert, hatte in der Praxis verheerende Konsequenzen. Es war insbesondere der Marxismus-Leninismus, der nach der Überwindung der Klassengesellschaft von einer Art Gemeinwillen ausging, in dem die Harmonie der Interessen aller zum Vorschein käme. Doch die Idee einer nicht entfremdeten, in ihren Intentionen geeinten Gesellschaft zeigte in der Praxis das Gesicht des Terrors. Einander widersprechende Ziele, unvereinbare Interessen, verschiedene Vorstellungen vom Gemeinwohl werden von despotischen Regimen unterdrückt, müssen aber in einer Demokratie als Bestandteil eines lebendigen Gemeinwesens nicht nur geduldet, sondern bejaht werden.

Gewissermaßen in einer Synthese der beiden sich absolut setzenden Ideen liegt für Taylor die Antwort auf die Frage nach einem funktionierenden Gemeinwesen. Die Bejahung von Konkurrenz und Streit einerseits und die Identifikation mit den zentralen Institutionen und Verfahren des politischen Systems andererseits erscheinen ihm als eine solide Basis demokratischer Gesellschaften.

Bleibt die Frage, unter welchen Bedingungen ein solches Gemeinwesen lebensfähig wird. Einheit, im Sinne einer Identifikation und insbesondere eines Sich-verpflichtet-Fühlens gegenüber dem gemeinsamen Unternehmen, sowie vor allem Solidarität mit den Mitbürgern sind für Taylor genauso unverzichtbar wie die Partizipation der Bürger an ihrem Gemeinwesen, die über die Teilnahme an Wahlen hinausgeht. Und unter »Partizipation« versteht Taylor wie viele kommunitaristisch inspirierte Intellektuelle nicht bloß Formen der Kritik und des Protestes gegenüber dem Bestehenden, sondern ebenso Formen positiver Partizipation, Ausgestaltung des Gemeinwesens durch Mitarbeit in Parteien oder lokalen politischen Institutionen, was allerdings eine Dezentrierung der politischen Gewalt voraussetzt. Zum dritten erfordert ein funktionierendes Gemeinwesen den wechselseitigen Respekt der Bürger, wie er beispielsweise durch die Einrichtung des Wohlfahrtsstaats bezeugt wird. Der Bürger der lebendigen Demokratie hat demzufolge nicht nur Rechte, er muss auch Pflichten für den Erhalt dieses Gemeinwesens übernehmen. Dabei kann er nur in einer Sprachgemeinschaft, in der eine Verständigung und Auseinandersetzung über Gut und Böse, Gerechtes und Ungerechtes stattfindet, als moralisches Subjekt handeln, »denn was der Mensch aus der Gesellschaft gewinnt, ist nicht Unterstützung bei der Verwirklichung seines jeweiligen Guten, sondern die Möglichkeit überhaupt, ein Handelnder zu sein, der dieses Gute anstrebt« (GD 9). Dies führt zu einer Verpflichtung des Einzelnen, diese seine eigenen moralischen Grundlagen mitzutragen und zu verteidigen, um nicht den Ast abzusägen, auf dem er sitzt.

»Wir leben in demokratischen Gesellschaften, das ist ein gemeinsames geschichtliches Projekt unter dem Motto: liberté, egalité, fraternité. Diesem Projekt sind wir verpflichtet, wir sind verpflichtet, dem Wohl dieses Projekts zu dienen. Wer sind die Menschen, die diese Verpflichtung auf uns legen? Das sind unsere Mitbürger, die Mitteilnehmer in diesem Projekt sind. Wenn wir zusammen in einem Kahn rudern, und ich rudere nicht mit, dann lastet auf den anderen eine zu große Bürde. Die Rolle von Staatsbürgern ist für mich sehr wichtig, und das hat meine Theorie der Demokratie beeinflußt; eine Demokratie, in der Menschen engagiert sind, das ist für mich das Ideal. Das ist aber ein Ideal, das nur kollektiv und nicht individuell verwirklicht werden kann.« (IV 201)

Ein solches Engagement für das Gemeinwesen fasst Taylor auch unter dem – insbesondere für Deutsche – problematischen Begriff »Patriotismus«.[35] Patriotismus allerdings darf keineswegs mit Nationalismus verwechselt werden, sondern meint eine Loyalität gegenüber den verfassungsmäßigen Organen einer freien Gesellschaft, durch die zugleich die Bürgerwürde geschützt wird. Eine Empörung, wie es sie in Amerika etwa anlässlich der Watergate-Affäre gab, ist nur aufgrund einer gemeinsamen Identität und Geschichte möglich, einer gemeinsam empfundenen »Verpflichtung gegenüber bestimmten Idealen, die in solch berühmten Dokumenten wie der Unabhängigkeitserklärung oder Lincolns Rede von Gettysburg artikuliert sind und die umgekehrt ihre Bedeutung der Beziehung zu bestimmten Höhepunkten des Wandels dieser geteilten Geschichte verdanken« (LK 121). Angesichts dieser Identifikation mit dem gemeinsamen politischen Projekt kommt es zu einer praktizierten Loyalität der Bürger gegenüber ihrem Gemeinwesen, erkennbar am Einhalten der Gesetze, Erfüllen der Steuerpflicht und im Notfall sogar an der Verteidigung gegenüber äußeren Feinden.

Das Problem der Anerkennung

Vor welche Probleme wird eine Gesellschaft gestellt, die sich nicht mehr auf überwiegend geteilte Ideale stützen kann, wie es sich besonders in Ländern abzeichnet, die zunehmend multikulturell geprägt sind? Wenn die von einer Gemeinschaft geteilte Kultur unverzichtbar für die Identität des Individuums ist, bedarf es dann über die liberale Vorstellung des Schutzes individueller Unversehrtheit hinaus des Schutzes der entsprechenden Kultur? Der Verlust des Hintergrunds der jeweiligen sozialen, sprachlichen und normativen Bezüge, kurz gesagt: der Kultur, in die jedes Individuum eingebettet ist, würde, so hat Taylor gezeigt, zu einem Verlust dessen führen, was das menschliche Selbst ausmacht. In seinem Buch *Multikulturalismus und die Poli-*

tik der Anerkennung setzt Taylor sich mit dem Problem auseinander, in welchem Verhältnis individuelle Rechte und Freiheiten und der Schutz der identitätserhaltenden kulturellen Gruppe zueinander stehen. Es geht mithin um die Frage, welche individuellen und kollektiven Ansprüche eine Politik der Anerkennung zur Wahrung der menschlichen Würde zu berücksichtigen hat. Eine solche Fragestellung wird allerdings erst vor dem Hintergrund bestimmter normativer Gewissheiten relevant, die in anderen Gesellschaften oder zu früheren Zeiten so nicht zur Diskussion standen.

Im Gegensatz zu traditionell hierarchisch geordneten Gesellschaften, die stets eine Bevorzugung ausgewählter gesellschaftlicher Gruppen zur Basis hatten, geben sich demokratische Gesellschaften universalistisch und egalitär. Nicht länger zentrieren sich demokratische Gesellschaften deshalb um den Begriff der Ehre eines Menschen – worin Ungleichheit immer angelegt ist –, sondern um den universalistischen Begriff der Würde jedes Einzelnen. Dies hat zur Folge, dass »die Formen der gleichberechtigten Anerkennung zu einem wesentlichen Bestandteil der demokratischen Kultur werden« (MP 16). Die Forderung nach Anerkennung, sei es von Minderheiten oder benachteiligten Gruppen, gehört heute zu den wesentlichen Triebkräften des politischen Handelns. Denn während früher Identitäten wesentlich über den sozialen Status, über eine im Vorhinein festgeschriebene Rolle innerhalb der Gesellschaft geregelt wurden, bedarf es heute angesichts der tief greifenden Wendung hin zu Subjektivität und Authentizität der Wertschätzung der jeweilig gewordenen, individuellen Lebensform, damit es zur Ausbildung einer gelingenden personalen Identität kommen kann.

»Die sozial abgeleitete Identität war in ihrem innersten Wesen eine gesellschaftsabhängige Identität. In jener früheren Zeit trat die Anerkennung jedoch nie als etwas Problematisches auf. Ebendadurch, daß die sozial abgeleitete Identität auf gesellschaftlichen Kategorien beruhte, die jeder als selbstverständlich hinnahm, war soziale Anerkennung von vornherein mit dieser Identität gegeben. Das entscheidende Merkmal der innerlich abgeleiteten, persönlichen und originellen Identität besteht darin, daß diese sich nicht jener apriorischen Anerkennung erfreut. Sie muß die Anerkennung durch einen Austauschprozeß erringen, und dabei kann sie versagen. Es ist nicht das Bedürfnis nach Anerkennung, das erst mit der Moderne aufkommt, sondern es sind die Bedingungen, unter denen das Streben nach Anerkennung scheitern kann. [...] Daß die Menschen in vormoderner Zeit nicht von ›Identität‹ und ›Anerkennung‹ redeten, lag nicht daran, daß sie keine Identität im Sinne unseres Ausdrucks besessen hätten oder nicht auf Anerkennung angewiesen waren, sondern es lag daran, daß diese Dinge damals zu unproblematisch waren, um eigens thematisiert zu werden.« (UM 57 f.)

Die neuzeitliche Idee der Anerkennung des Einzelnen betrifft sowohl die Sphäre der persönlichen Beziehungen als auch die öffentliche Sphäre. Taylor richtet sein Augenmerk insbesondere auf Letztere. Allerdings deuten sich scheinbar verwirrende Konsequenzen an, die sich aus diesem neuzeitlichen Anspruch auf Anerkennung ergeben. Denn einerseits führt die universalistische Idee der menschlichen Würde zu der Forderung nach einer prinzipiellen Gleichberechtigung aller Bürger. Das Anzuerkennende ist demnach die allen Menschen zukommende Möglichkeit der autonomen Selbstbestimmung wie auch der moralischen Autonomie. Wir erkennen darin die Werte des naturalistisch motivierten Hauptstrangs der Moderne mit seiner Neutralität gegenüber jeglicher Besonderheit des Menschen. Diese Besonderheit jedoch wird wiederum – inspiriert vom romantisch-expressivistischen Gegenparadigma – in der Forderung nach Anerkennung der Differenz zum maßgeblichen Kriterium. Anerkannt werden muss die Authentizität eines jeden, seine besonderen Fähigkeiten, Neigungen und Bedürfnisse. Aus der Idee des je eigenen Maßes jedes Einzelnen folgt deshalb eine »Politik der Differenz«. »Während die Politik der allgemeinen Würde auf etwas Universelles zielt, auf etwas, das für alle gleich ist, auf ein identisches Paket von Rechten und Freiheiten, verlangt die Politik der Differenz, die unverwechselbare Identität eines Individuums oder einer Gruppe anzuerkennen, ihre Besonderheit gegenüber allen anderen.« (MP 28)

Die Spannung zwischen naturalistisch-aufklärerischen und romantisch-expressivistischen Ideen, die kennzeichnend für die gesamte Moderne ist, bestimmt Taylor zufolge auch die Diskussion um die Politik der Anerkennung. Beide Prinzipien kollidieren, etwa wenn Feministinnen gerade nicht die Gleichstellung der Frauen mit den Männern, sondern die dauerhafte Anerkennung der Andersheit der Frauen fordern. Und noch komplizierter wird die Balance zwischen den beiden Prinzipien dort, wo – etwa im interkulturellen Kontext – die Forderung erhoben wird, den unterschiedlichen Kulturen, so wie sie sich tatsächlich entwickelt haben, gleich viel Respekt entgegenzubringen. Als skandalös gilt demzufolge etwa der Ausspruch des amerikanischen Schriftstellers Saul Bellow: »Wenn die Zulus einen Tolstoi hervorbringen, werden wir ihn lesen.« Diese Art der Egalisierung fordere arrogant eine Anpassung an europäische Kultur. Es verstoße gegen das Prinzip der Gleichheit, im Namen des Werts der einen Kultur die andere geringer zu schätzen. Dass es mehr und weniger wertvolle Kulturen geben könnte, wird ausgeschlossen.

»Die zwei politischen Konzeptionen, die beide auf der Idee der Gleichachtung beruhen, geraten nun miteinander in Konflikt. Einerseits fordert das Prinzip der Gleichachtung ein ›differenz-blindes‹ Verhalten. Die Auffassung, daß alle Menschen gleich zu achten sind, konzentriert sich vor allem auf das, was bei allen gleich ist. Andererseits sollen wir das Besondere anerkennen und sogar fördern. Die erste Konzeption wirft der zweiten vor, sie verstoße gegen den Grundsatz der Nicht-Diskriminierung. Die zweite wirft der ersten vor, sie negiere die Identität, indem sie den Menschen eine homogene, ihnen nicht gemäße Form aufzwinge.« (MP 33 f.)

Aus der Perspektive einer konsequenten Politik der Differenz stellt sich der vermeintlich differenzblinde Liberalismus, der eine Politik der allgemeinen Menschenwürde auf sein Banner geschrieben hat, selbst als hochgradig diskriminierend dar, weil er die je besondere Identität eines Menschen, einer Gruppe oder einer Ethnie negiere, indem er allen eine homogene, ihnen nicht gemäße Form aufzwinge.

In Auseinandersetzung mit diesem Vorwurf versucht Taylor am Beispiel seiner Heimat Kanada zu zeigen, dass es zwar in der Tat Formen des Liberalismus gibt, die die Besonderheiten kultureller Identitäten nur in sehr beschränktem Maße anerkennen können, dass dies aber nicht notwendig die Konsequenz des Liberalismus sein muss. Der kanadische Streit ging darum, ob die Regierung von Quebec um des Schutzes der frankokanadischen Kultur willen der Minderheit der französischsprachigen Bürger Beschränkungen auferlegen dürfe – die Kinder dürften nicht auf englischsprachige Schulen geschickt werden, Plakatwerbung in jeder Sprache außer Französisch sollte untersagt werden usw. – oder ob dies gegen die jedem Individuum zustehenden Grundrechte verstoße. Anders gefragt: Können einer Gruppe von Bürgern einer bestimmten Gemeinschaft unter Berufung auf das kollektive Ziel des kulturellen Überlebens Beschränkungen auferlegt werden, da anderenfalls möglicherweise deren identitätsbildende Basis erodieren würde? Es geht also um die Frage, ob individuelle Freiheitsrechte hinter den Schutz eines gemeinschaftlich-kulturellen Gutes zurücktreten können bzw. müssen.

Die Auffassung, dass Individualrechte stets Vorrang vor kollektiven Zielen haben und dass somit die Restriktionen gegenüber der französischsprachigen Minderheit einem Verstoß gegen die Grundrechte gleichkommen, wird insbesondere von den Anhängern des so genannten prozeduralen Liberalismus vertreten – Intellektuelle wie John Rawls, Ronald Dworkin oder Bruce Ackerman sind deren amerikanische Wortführer. Ihnen zufolge ist eine Gesellschaft dann liberal, wenn sie sich nicht auf bestimmte, substanzielle Lebensziele festlegt, sondern stattdessen Regeln für einen fairen und gleichberechtigten Umgang miteinander aufstellt. Auch hier ist der Streitpunkt also wiederum die Frage nach dem Guten bzw. dem Gerechten. Auf Kanada bezogen: Kann eine liberale Gesellschaft das Überleben und Gedeihen der frankokanadischen Kultur zum Gut erklären und entsprechende Gesetze erlassen oder muss sie im Hinblick auf solche kollektiven Güter neutral bleiben?

Taylor lässt keinen Zweifel daran, dass seine Vorstellung von Liberalismus die politische Durchsetzung bestimmter Ideen des guten Lebens einschließt, solange die elementaren Freiheiten und Grundrechte des Einzelnen nicht eingeschränkt werden. Auf die andere Fassung des Liberalismus treffe hingegen der Vorwurf der Differenzblindheit zu, insofern ein solcher Liberalismus den Fortbestand von kulturell besonderen Gesellschaften nicht gewährleisten könne. Angesichts zunehmend multikulturell sich gestaltender Gesellschaften, in denen mehr als eine kulturelle Gemeinschaft überleben wolle, könne sich der »strenge prozedurale Liberalismus [...] in der Welt von morgen rasch als untauglich erweisen« (MP 56). Ein Liberalismus hingegen, der auf Urteilen über das gute Leben gründet, vermag neben den Grundrechten – dem Recht auf Leben, auf Freiheit, freie Religionswahl etc. –, die auch in Taylors Augen auf jeden Fall schützenswert sind, noch Sonderrechte zu unterscheiden. Ein solches

Recht wäre etwa das Recht auf Werbung in verschiedenen Sprachen, welches im Falle Quebecs zugunsten des Überlebens der frankophonen Gemeinschaft ausgesetzt wurde.

»Eine Gesellschaft wie Quebec kann nicht anders, als sich der Verteidigung und Förderung der französischen Kultur und Sprache widmen, selbst wenn dies eine Beschränkung individueller Freiheiten mit sich bringt. Sie kann die kulturell-sprachliche Orientierung nicht zu einer Nebensächlichkeit erklären. Eine Regierung, die diese Notwendigkeit ignorierte, würde entweder nicht dem Willen der Mehrheit entsprechen oder eine in solchem Maße demoralisierte Gesellschaft widerspiegeln, daß sie als möglicher Pol patriotischer Treue so gut wie aufgelöst wäre. In jedem Fall wären die Aussichten für eine liberale Demokratie nicht rosig.« (LK 130)

Habermas hingegen hält den bloß prozeduralen Liberalismus für ausreichend zur Wahrnehmung und Verteidigung kultureller Differenzen, insofern zur menschlichen Würde und zur Realisierung der Selbstbestimmung des Menschen durchaus auch die Anerkennung seiner historisch-kulturell bedingten Eigentümlichkeiten gehöre. Der Gegensatz zwischen dem Guten und dem Gerechten, wie er von Taylor behauptet wird, werde deshalb zu Unrecht konstruiert[36], Eingriffe in individuelle Freiheitsrechte kämen darüber hinaus einer Form des »Artenschutzes«[37] gleich. Walter Reese-Schäfer wiederum merkt mit Recht an, man könne etwa im Falle Quebecs einige Subventionen zum Erhalt der französischen Sprache und Kultur aufwenden, doch repressive Einschränkungen individueller Rechte, z.B. bei der Frage, ob ein Kind auf eine englisch- oder eine französischsprachige Schule gehe, seien keineswegs gerechtfertigt. Denn kleine sprachliche Sondergemeinschaften und andere kulturelle Inseln haben nach Ansicht Reese-Schäfers »dann keine Überlebenschance und auch kein Überlebensrecht, wenn sich immer weniger Individuen finden, die ihre sozialen Entfaltungsmöglichkeiten diesen *freiwillig* zum Opfer bringen wollen«[38].

Mit seinem – wie wir sehen: umstrittenen – Beispiel glaubt Taylor den Liberalismus von dem Vorwurf der Differenzblindheit befreit zu haben. Ein noch prinzipiellerer Vorwurf allerdings beschuldigt den vermeintlich neutralen Liberalismus, selbst die Spiegelung einer ganz bestimmten Kultur zu sein. Der Liberalismus sei deshalb nur ein »Partikularismus unter der Maske des Universellen« (MP 35), er stelle eine hegemoniale Kultur dar und zwinge Minderheitenkulturen dazu, eine ihnen fremde Form zu übernehmen.

Der Liberalismus gebe sich neutral, sodass sich auf seiner Grundlage die Menschen aller Kulturen begegnen und miteinander existieren können. Doch in Wirklichkeit sei er Ausdruck eines »Eurozentrismus«. Für andere Kulturen – etwa den Islam – sei z.B. die für die westlichen liberalen Gesellschaften selbstverständliche Trennung von Politik und Religion ausgeschlossen. Insofern verleugne der Liberalismus seine eigene Herkunft aus den abendländisch-christlichen Kontexten. Derartige Fragen nach dem Stellenwert des Liberalismus sind gerade im Zeitalter des Multikulturalismus hochaktuell, weil heutzutage innerhalb einer Gesellschaft die unterschiedlichsten kulturellen Identitäten aufeinander stoßen.

Und in der Tat: Taylor räumt ein, dass der Liberalismus mit seiner Idee der Gleichachtung aller Menschen auf der Grundlage der Menschenwürde keineswegs universalistisch ist. »Der Liberalismus ist nicht die Stätte eines Austauschs aller Kulturen, er ist vielmehr der politische Ausdruck eines bestimmten Spektrums von Kulturen und mit einem anderen Spektrum anderer Kulturen unvereinbar.« (MP 57) Der Liberalismus selbst ist Taylor zufolge eine »kämpferische Weltdeutung«, hervorgegangen aus Ideen, wie sie u.a. durch das Christentum entwickelt wurden.

Stellt aber der Liberalismus keine universale, neutrale Vorlage für alle Gesellschaften dar, so besteht Legitimationsbedarf. Denn aufgrund der Vielzahl von Kulturen auf engem Raum käme der Hinweis »Bei uns macht man das eben so – und deshalb macht Ihr das gefälligst auf unserem Boden auch so« einer Marginalisierung Andersdenkender gleich. Das Problem der Anerkennung stellt sich also heute dringlicher als je zuvor: Müssen alle Weltanschauungen, religiösen Ideen, kulturellen Besonderheiten als gleichwertig anerkannt werden? Müssen sie nicht nur erhalten werden, sondern muss man ebenso davon ausgehen, dass sie alle von gleichem Wert sind?

Taylors Antwort ist eindeutig: Es »besteht kein Grund, zu vermuten, daß die verschiedenen Kunstformen in einer bestimmten Kultur allesamt gleich wertvoll oder überhaupt wertvoll sind; und jede Kultur kann Phasen des Verfalls durchlaufen« (MP 63). Taylor lässt den Anspruch auf die Gleichwertigkeit aller Kulturen einzig als Ausgangshypothese gelten, mit der das Studium einer fremden Kultur begonnen werden solle. Dann jedoch folge ein hermeneutischer Prozess der Annäherung. Darin werde dem eigenen vertrauten Vokabular das der noch unvertrauten Kultur an die Seite gestellt, Vergleiche werden gezogen, sodass es schließlich zu einer – in den Worten Gadamers – »Horizontverschmelzung« des Eigenen und des Fremden kommen kann. Und sollte sich in diesem Prozess des Verstehens die Annahme eines ebenbürtigen Wertes des Fremden bestätigen, »so geschieht dies auf der Grundlage eines Wertverständnisses, das uns anfänglich nicht zu Gebote stand. Wir sind zu unserem Urteil gelangt, indem wir unsere eigenen Maßstäbe zum Teil verändert haben.« (MP 64) Offenheit ist Taylor zufolge deshalb das einzige, was man in vergleichenden Kulturstudien erwarten müsse, die Bereitschaft, die eigenen Perspektiven durch die Begegnung mit dem Fremden verändern zu lassen, nicht jedoch ein vorgängiges, endgültiges und zugleich unauthentisches Urteil über die Gleichwertigkeit von Kulturen. In dieser Offenheit könne es sogar passieren, dass man auf kulturell verschiedene Arten menschlicher Erfüllung stößt, die letztlich inkommensurabel bleiben; freilich bleibt es immer wieder dem Gespräch vorbehalten, die Grenzen der Vereinbarkeit zu erproben.

»Es mag sein, daß wir durch den Kontakt mit bestimmten Kulturen gezwungen werden, Inkommensurabilität anzuerkennen, und nicht bloß ein nicht endgültig abzuschätzendes Verhältnis von Dingen, die für alle gut bzw. schlecht sind. Aber wir sollen sicher nicht a priori davon ausgehen, daß es sich so verhält.

Ehe wir an diese Grenze stoßen, gibt es keinen Grund, die Güter, die wir zu definieren und zu kritisieren versuchen, nicht als allgemeingültig aufzufassen, vorausgesetzt, wir räumen den Gütern der fremden Gesellschaften, die wir zu verstehen trachten, denselben Rang ein. Das heißt allerdings *nicht*, daß sich zu guter Letzt herausstellt, alle unsere – bzw. alle ihre – Güter seien als solche zu rechtfertigen. Es heißt nur, daß wir nicht ein von vornherein gekapptes moralisches Universum annehmen, in dessen Rahmen wir es als selbstverständlich voraussetzen, daß weder ihre Güter uns etwas sagen noch vielleicht die unseren ihnen.« (QS 121 f.)

Anhang

Anmerkungen

1 Amitai Etzioni, Die Entdeckung des Gemeinwesens. Ansprüche, Verantwortlichkeiten und das Programm des Kommunitarismus, Stuttgart 1995, S. 14.
2 Aber auch in Deutschland findet die kommunitaristische Bewegung Sympathien. Z.B.: Hans Joas, Die Entstehung der Werte, Frankfurt/M. 1997; Helmut Schmidt, Auf der Suche nach einer öffentlichen Moral, Stuttgart 1998; Marion Gräfin Dönhoff, Zivilisiert den Kapitalismus. Grenzen der Freiheit, Stuttgart 1997.
3 Michael Sandel, Die verfahrensrechtliche Republik und das ungebundene Selbst, in: Axel Honneth (Hg.), Kommunitarismus. Eine Debatte über die moralischen Grundlagen moderner Gesellschaften, Frankfurt/M. 1993, S. 18-35, hier S. 25.
4 Amitai Etzioni, Die Entdeckung des Gemeinwesens, a.a.O., S. X.
5 John Rawls, Eine Theorie der Gerechtigkeit, Frankfurt/M. 1979.
6 Vgl. Alasdair MacIntyre, Der Verlust der Tugend. Zur moralischen Krise der Gegenwart, Frankfurt/M. 1995.
7 Ebenda, S. 154 ff.
8 Vgl. ebenda, S. 41-56.
9 Darauf verweisen auch Axel Honneth und Hartmut Rosa. Vgl. Axel Honneth, Nachwort, in: NF 295-314; Hartmut Rosa, Identität und kulturelle Praxis. Politische Philosophie nach Charles Taylor, Frankfurt/M./New York 1998, S. 72 ff.
10 Michael Walzer, Kritik und Gemeinsinn, Berlin 1990, S. 41 f.
11 Vgl. dazu: Hartmut Rosa, Identität und kulturelle Praxis, a.a.O., S. 507-517.
12 Axel Honneth, Nachwort, in: NF 296.
13 B.F. Skinner, Wissenschaft und menschliches Verhalten, München 1973, S. 408. Vgl. zur Veranschaulichung des Behaviorismus: »Wenn wir lernen, menschliches Verhalten von einem objektiven Standpunkt aus gewissenhaft zu beobachten und es so zu begreifen, wie es ist,

können wir vielleicht vernünftiger handeln. [...] Wollen wir die Methoden der Wissenschaft auf die Probleme der Menschen anwenden, müssen wir voraussetzen, daß Verhalten gesetzmäßig und determiniert sei. Wir müssen vorbereitet sein auf die Entdeckung, daß das, was der Mensch tut, ein Ergebnis spezifizierbarer Bedingungen ist, und daß wir, wenn wir diese Bedingungen einmal formuliert haben, seine Handlungen vorhersagen und bis zu einem gewissen Grad determinieren können.« (Ebenda, S. 14 f.)

14 Im Gegensatz zu dem stets an Verstehen rückgebundenen Erkenntnisfortschritt in den Humanwissenschaften hält Taylor den Erkenntnisfortschritt in den Naturwissenschaften für objektiv; eine Hypothese, die ihm zuzeiten den Vorwurf positivistischer Wissenschaftsgläubigkeit eingetragen hat.

15 Besonders: Charles Taylor, Erklärung und Interpretation in den Wissenschaften vom Menschen, Frankfurt/M. 1975.

16 Vgl. Anm. 9.

17 Sandel spricht auch vom »ungebundenen Selbst«. Vgl. Michael Sandel, Die verfahrensrechtliche Republik, a. a. O.

18 Immanuel Kant, Kritik der reinen Vernunft, Frankfurt/M. 1968, B XIII, XIV.

19 Vgl. HE 735 ff. Hier deutet sich schon Taylors Auseinandersetzung mit einem inhaltlich ungefüllten Begriff von Freiheit an (vgl. NF 118-144), auch wenn Taylor darauf hinweist, dass noch nicht der Begriff der »negativen Freiheit« von Isaiah Berlin gemeint ist.

20 Vgl. auch: »Die beiden stärksten, wirkungsvollsten Hoffnungen – die nach Ausdruckseinheit und nach radikaler Autonomie – sind zentrale Inhalte der geistigen Auseinandersetzung des modernen Menschen geblieben; die Hoffnung, beides miteinander zu verbinden, kehrt nur in unterschiedlichsten Formen wieder, sei es im Marxismus, im Anarchismus, im technologischen Utopismus oder in Vorstellungen über die Rückkehr zur Natur. Die romantische Rebellion setzt sich unvermindert fort, wiederholt sich immer aufs neue in nicht vorhersehbaren neuen Formen – im Dadaismus, im Surrealismus, in der Sehnsucht der ›Hippie‹-Kultur, im zeitgenössischen Kult eines repressionsfreien Bewußtseins. Unter Berücksichtigung all dessen, das uns umgibt, können wir es nicht vermeiden, auf die erste große Synthese zurückverwiesen zu werden, auf eine Synthese, die dazu be-

stimmt war, unser zentrales Dilemma zu lösen, eine Synthese, die mißlang, die aber dennoch unübertroffen bleibt.« (HE 79 f.)

21 Alasdair MacIntyre, Der Verlust der Tugend, a.a.O., S. 15.

22 Ebenda, S. 18.

23 Hans Joas interpretiert daher Taylors Projekt auch als eine Verteidigung des Rechts zu glauben »mit den Mitteln einer postmetaphysischen Philosophie«. (Hans Joas, Die Entstehung der Werte, a.a.O., S. 218)

24 Richtigerweise verweist Hartmut Rosa in diesem Zusammenhang darauf, dass Taylors Argumentation, die prozeduralen Ethiken verwickelten sich in einen performativen Widerspruch, insofern sie immer schon eine Idee des Guten unterstellten, dem Argument der Diskursethiker entspricht, alle jene, die das diskursethische Prinzip nicht anerkennen, verwickelten sich in einen Widerspruch. Vgl. Hartmut Rosa, Identität und kulturelle Praxis, a.a.O., S. 217 f.

25 Kant – selbst ein Vertreter des neuzeitlichen Ideenstranges, der die desengagierte Vernunft zur Grundlage hat – lehnt den Reduktionismus des Naturalismus und Utilitarismus, jenes technische Management der Welt, vehement ab. Menschliche Freiheit bestehe ja gerade darin, das moralische Gesetz nach den Maßstäben der eigenen Vernunft zu bestimmen. »Moralität muß gänzlich von Motivationen des Glücks oder der Freude getrennt werden. Ein moralischer Imperativ ist kategorisch, er verpflichtet uns unbedingt. Die Gegenstände unseres Glücks sind allesamt zufälliger Natur, keiner von ihnen kann die Grundlage für eine dem kategorischen Imperativ vergleichbare Verpflichtung abgeben. Dies kann nur im Willen selbst gegründet sein, d.h. in etwas, das uns verpflichtet, weil wir es selbst sind, nämlich Geschöpfe rationalen Willens; aus keinem anderen als diesem Grund ist eine derartige Verpflichtung möglich.« (HE 52)

26 Vgl. zu diesem Einwand auch: Walter Reese-Schäfer, »Nach Innen geht der geheimnisvolle Weg«. Einige kritische Bemerkungen zu Charles Taylors Ontologie der Moralität und des modernen Selbst, in: Deutsche Zeitschrift für Philosophie 44 (1996), S. 621-634, hier S. 626.

27 In Rortys Konzept der liberalen Ironie sind Mitgefühl und Solidarität gegenüber anderen nicht durch das vernünftige Argument zu erlangen, sondern durch Sensibilisierung. »Das ist eine Aufgabe nicht

für Theorie, sondern für Sparten wie Ethnographie, Zeitungsberichte, Comic-Hefte, Dokumentarstücke und vor allem Romane.« (Richard Rorty, Kontingenz, Ironie und Solidarität, Frankfurt/M. 1992, S. 16)

28 Gegen solches Unbehagen gegenüber dem »Verlust der heroischen Dimension« (UM 9) durch die Demokratie ist aber Richard Rortys Bejahung einer solchen demokratischen Banalität hochzuhalten. Er schreibt: »Selbst wenn der typische Charakter von Menschen in liberalen Demokratien tatsächlich fade, berechnend, kleinlich und unheroisch sein sollte, kann die Vorherrschaft solcher Personen ein angemessener Preis sein für die politische Freiheit.« (Richard Rorty, Kontingenz, Ironie und Solidarität, a.a.O., S. 233)

29 Vgl. für Deutschland etwa Ulrich Beck: »Die Verantwortlichen müssen sich einen Ruck geben: den Individualismus nicht länger verteufeln, sondern als wünschenswertes und unvermeidliches Produkt der demokratischen Entwicklung in Deutschland erkennen. Es ist das wesentliche Erbe in Deutschland, das sich hier artikuliert. Erst dann kann man wirklich überzeugend fragen: Welche politischen Orientierungen und Gestaltungsräume entstehen in der individualisierten und globalisierten Gesellschaft der zweiten Moderne?« (Ulrich Beck, Kinder der Freiheit, Frankfurt/M. 1997, S. 17)

30 Erhellend für das, was Taylor mit dem Konsum des anderen meint, ist sein Zitat aus einem in den Siebzigerjahren populären Buch zur Bewältigung der Midlife-Crisis, dessen Formulierungen eine bis heute aktuelle, krude, ichbezogene Tendenz eines gewissen Lebenshilfe- und Therapiejargons wiedergeben: »Wer aufbricht, um sich auf die Reise der Lebensmitte zu begeben, kann nicht alles mitschleppen. Man reist ja weg. Weg von institutionellen Ansprüchen und den Plänen anderer. Weg von äußeren Wertsetzungen und Beglaubigungen, so macht man sich auf die Suche nach etwas Stichhaltigem im Innern. Man steigt aus den Rollen aus und verfügt sich ins Selbst. Könnte ich jedem zum Abschied ein Geschenk auf die Reise geben, es wäre ein Zelt. Ein Zelt fürs unbehauste Sondieren. Das Geschenk der tragbaren Wurzeln. [...] Jedem von uns bietet sich die Möglichkeit, wie neugeboren daraus hervorzugehen: ein *authentisches* Einzelexemplar mit erweiterter Fähigkeit zur Selbstliebe und zur Umarmung anderer. [...] Die Freuden der Selbstfindung stehen immer zu Gebote. Auch

wenn die geliebten Menschen im Leben wechseln, die Fähigkeit zur Selbstliebe bleibt erhalten.« (UM 53)

31 Vgl. Isaiah Berlin, Freiheit. Vier Versuche, Frankfurt/M. 1995.

32 Von verschiedenen Seiten ist Kritik an Taylors Idee einer positiven Freiheit geübt worden. Vgl. z.B.: Richard Herzinger, Die Tyrannei des Gemeinsinns. Ein Bekenntnis zur egoistischen Gesellschaft, Berlin 1997, S. 111-114; Walter Reese-Schäfer, Was ist Kommunitarismus?, Frankfurt/M./New York 1994, S. 46-54.

33 Ulrich Beck, Die Erfindung des Politischen, Frankfurt/M. 1993, S. 161.

34 Amitai Etzioni, Die Verantwortungsgesellschaft. Individualismus und Moral in der heutigen Demokratie, Frankfurt/M./New York 1997, S. 173.

35 Zwar spricht auch Habermas von »Verfassungspatriotismus«, jedoch haben die Deutschen aufgrund ihrer Geschichte ein eher ablehnendes Verhältnis zum Patriotismus. Auffallend dagegen ist das positive Verhältnis der Angloamerikaner zum Patriotismus, wie er z.B. von Michael Walzer, Richard Rorty, Alasdair MacIntyre oder eben auch Charles Taylor vertreten wird.

36 Vgl. Jürgen Habermas, Anerkennungskämpfe im demokratischen Rechtsstaat, in: MP 147-196.

37 Ebenda, S. 173.

38 Walter Reese-Schäfer, »Nach Innen geht der geheimnisvolle Weg«, a.a.O., S. 632.

Literaturhinweise

1. Werke von Charles Taylor

Siglen (in alphabetischer Reihenfolge)

EB The Explanation of Behaviour, London 1964.

EI Erklärung und Interpretation in den Wissenschaften vom Menschen, Frankfurt/M. 1975.

GD Wieviel Gemeinschaft braucht die Demokratie?, in: Transit, Heft 5, 1993, S. 5-20.

HE Hegel, 2. Aufl., Frankfurt/M. 1993.

HU Humanismus und moderne Identität, in: Der Mensch in den modernen Wissenschaften. Castelgandolfo-Gespräche 1993, hg. von Krystof Michalski, Stuttgart 1985, S. 117-170.

IV Der Irrtum der desengagierten Vernunft. Ein Gespräch mit Charles Taylor, in: Ingeborg Breuer/Peter Leusch/Dieter Mersch, Welten im Kopf. Profile der Gegenwartsphilosophie, Bd. 3: England/USA, Hamburg 1996, S. 195-202.

LK Aneinander vorbei: Die Debatte zwischen Liberalismus und Kommunitarismus, in: Axel Honneth (Hg.), Kommunitarismus. Eine Debatte über die moralischen Grundlagen moderner Gesellschaften, Frankfurt/M. 1993, S. 103-130.

MP Multikulturalismus und die Politik der Anerkennung. Mit Kommentaren von Amy Gutman (Hg.), Steven C. Rockefeller, Michael Walzer, Susan Wolf. Mit einem Beitrag von Jürgen Habermas, Frankfurt/M. 1993.

MV Die Motive einer Verfahrensethik, in: Wolfgang Kuhlmann (Hg.), Moralität und Sittlichkeit. Das Problem Hegels und die Diskursethik, Frankfurt/M. 1986.

NF Negative Freiheit. Zur Kritik des neuzeitlichen Individualismus, Frankfurt/M. 1992.

OE Overcoming Epistemology, in: Philosophical Arguments, Cambridge/Mass./London 1995, S. 1-19.
QS Quellen des Selbst. Die Entstehung der neuzeitlichen Identität, Frankfurt/M. 1994.
SI Self-Interpreting Animals, in: Philosophical Papers, Bd. 1, Cambridge 1985, S. 45-76.
UM Das Unbehagen an der Moderne, Frankfurt/M. 1995.

Weitere Schriften von Charles Taylor

1970 The Pattern of Politics, Toronto/Montreal.
1971 The Agony of Economic Man, in: L. Lapierre u.a. (Hg.), Essays on the Left, Toronto; wieder abgedruckt in: H.D. Forbes (Hg.), Canadian Political Thought, Toronto 1985, S. 406-416.
1972 The Opening Arguments of the Phenomenology, in: Alasdair MacIntyre (Hg.), Hegel: A Collection of Critical Essays, New York, S. 151-187.
1976 Responsibility for Self, in: Amelie O. Rorty (Hg.), The Identities of Persons, Berkeley, S. 281-299.
1979 Action as Expression, in: Cora Diamond/Jenny Teichman (Hg.), Intention and Intentionality. Essays in Honour of G.E.M. Anscombe, Ithaca/NY, S. 73-89.
1980 Understanding in Human Science, in: Review of Metaphysics 34, S. 3-23.
1982 Consciousness, in: Paul F. Secord (Hg.), Explaining Human Behaviour, Consciousness, Human Action and Social Structure, Beverly Hills, S. 35-51.
1983 Social Theory as Practice, Delhi.
1985 Philosophical Papers, 2 Bde., Cambridge.
1986 Sprache und Gesellschaft, in: Axel Honneth/Hans Joas (Hg.), Kommunikatives Handeln. Beiträge zu Jürgen Habermas' »Theorie des kommunikativen Handelns«, Frankfurt/M., S. 35-52.
1989 Embodied Agency, in: Henry Pietersma, Merleau-Ponty. Critical Essays, Washington DC, S. 1-21.
1991 Lichtung oder Lebensform. Parallelen zwischen Wittgenstein und Heidegger, in: Brian McGuinness u.a. (Hg.), Der Löwe spricht ... und wir können ihn nicht verstehen, Frankfurt/M.

1991 Die Beschwörung der Civil Society, in: Krysztof Michalski, Europa und die Civil Society, Stuttgart, S. 52-81.
1995 Philosophical Arguments, Cambridge/Mass./London.
1995 Nationalismus und Moderne, in: Transit, Heft 9, S. 177-198.

2. Ausgewählte Sekundärliteratur

Anderson, Joel, Starke Wertungen, Wünsche zweiter Ordnung und intersubjektive Kritik. Überlegungen zum Begriff ethischer Autonomie, in: Deutsche Zeitschrift für Philosophie 42 (1994), S. 97-119.

Breuer, Ingeborg/Leusch, Peter/Mersch, Dieter, Rückgang zu den Quellen. Charles Taylors Arbeiten gegen den Gedächtnisschwund der Moderne, in: dies., Welten im Kopf. Profile der Gegenwartsphilosophie, Bd. 3: England/USA, Hamburg 1996, S. 181-194.

Forst, Rainer, Kontexte der Gerechtigkeit. Politische Philosophie jenseits von Liberalismus und Kommunitarismus, Frankfurt/M. 1994.

Honneth, Axel, Nachwort, in: Charles Taylor, Negative Freiheit. Zur Kritik des neuzeitlichen Individualismus, Frankfurt/M. 1992, S. 295-314.

Joas, Hans, Die Identität und das Gute (Charles Taylor), in: ders., Die Entstehung der Werte, Frankfurt/M. 1997, S. 195-226.

Reese-Schäfer, Walter, Kritik des atomistischen Individuums: Charles Taylor, in: Was ist Kommunitarismus?, Frankfurt/M./New York 1994, S. 46-54.

Ders., »Nach Innen geht der geheimnisvolle Weg«. Einige kritische Bemerkungen zu Charles Taylors Ontologie der Moralität und des modernen Selbst, in: Deutsche Zeitschrift für Philosophie 44 (1996), S. 621-634.

Rosa, Hartmut, Identität und kulturelle Praxis. Politische Philosophie nach Charles Taylor, Frankfurt/M./New York 1998.

Tully, James (Hg.), Philosophy in an Age of Pluralism. The Philosophy of Charles Taylor in Question, Cambridge 1994.

Zeittafel

1931 Charles Taylor wird am 5. November als Sohn eines englischsprachigen Vaters und einer französischsprachigen Mutter in Montreal geboren.

1952 Abschluss des Studiums der Geschichte an der McGill Universität in Montreal. Im selben Jahr Beginn des Studiums der Philosophie in Oxford. Schüler von Isaiah Berlin.

1955 Bachelor of Arts in Politik, Philosophie und Wirtschaft in Oxford.

1956-61 Fellow am All Souls College.

1957 Mitherausgeber von *Universities and Left Review*, seit 1960 verschmolzen mit *New Reasoner* zu *New Left Review*.

1961 Promotion mit *The Explanation of Behaviour* (Erklärung und Interpretation in den Wissenschaften vom Menschen). Rückkehr nach Kanada. Professur für Politische Wissenschaften und Philosophie an der McGill Universität, Montreal. Engagement für die sozialdemokratische New Democratic Party (NDP).

1965 Beim Versuch, bei den kanadischen Parlamentswahlen einen Sitz im House of Commons zu gewinnen, verliert er gegen den späteren Regierungschef Pierre Trudeau.

1966-71 Vizepräsident der NDP.

1970 *The Patterns of Politics.*

1975 *Hegel.*

1976-81 Fellow am All Souls College, Oxford. Professur für Soziale und Politische Theorie.

1979 *Hegel and Modern Society.*

1981 Professur für Politikwissenschaft und Philosophie an der McGill Universität, Montreal.

1985 *Philosophical Papers. 1. Human Agency and Language, 2. Philosophy and the Human Sciences (Negative Freiheit? Zur Kritik des neuzeitlichen Individualismus).*

1989 *Sources of the Self. The Making of the Modern Identity (Quellen des Selbst. Die Entstehung der neuzeitlichen Identität).*

1990 Scheitern des von ihm unterstützten »Meech Lake Amendment«, eines Verfassungszusatzes, der anregte, Quebec als »Gesellschaft mit besonderem Charakter« anzuerkennen. Auch danach weiteres Engagement für die Neubestimmung der Identität Quebecs innerhalb der kanadischen staatlichen Einheit.

1991 *The Malaise of Modernity (Das Unbehagen an der Moderne).*

1992 *Multiculturalism and The Politics of Recognition (Multikulturalismus und die Politik der Anerkennung).* Verleihung des Léon-Gérin-Preises für Verdienste um das intellektuelle und bürgerliche Leben in Quebec.

1994 *Multiculturalisme: différence et démocratie.*

1995 *Philosophical Arguments.*

1998 Emeritierung.

Ingeborg Breuer, geboren 1955, studierte Philosophie und Germanistik in Köln. Seit 1985 journalistische Tätigkeit für Hörfunk, Fernsehen, Tageszeitungen. Buchveröffentlichungen (mit Peter Leusch, Dieter Mersch): Welten im Kopf. Profile der Gegenwartsphilosophie, 3 Bde. (1996).